DANIEL PITTET

Pater, ich vergebe Euch!

DANIEL PITTET

Pater, ich vergebe Euch!

Missbraucht, aber nicht zerbrochen

Unter Mitarbeit von
Micheline Repond

Übersetzung aus dem
Französischen von Antje Peter

HERDER

FREIBURG · BASEL · WIEN

Meinem Freund Georges,
der zu früh von uns gegangen ist

Meiner Frau Valérie
und unseren sechs Kindern
Grégoire, Mathilde, Ludovic, Simon,
Anne Léa, Édouard

Allen Menschen,
die mich über all die Jahre
unterstützt haben

Allen Opfern, die nie
darüber sprechen konnten

Inhalt

Vorwort von
Papst Franziskus

Es ist eine große Herausforderung für die Opfer pädophiler Gewalt, das Wort zu ergreifen und davon zu berichten, was sie aushalten mussten zu beschreiben, wie die traumatischen Erlebnisse von einst noch Jahre später sie quälen. Aus diesem Grund ist das Zeugnis von Daniel Pittet so notwendig, so kostbar und so mutig.

Ich habe Daniel Pittet im Jahr 2015, im Jahr des geweihten Lebens, im Vatikan kennengelernt. Daniel war damals mit großem Eifer dabei, ein Buch mit dem Titel *Lieben heißt alles geben* zu verbreiten. Für das Buch wurden Zeugnisse von religiösen Männern und Frauen, Priestern und Ordensleuten zusammengetragen. Dass dieser so leidenschaftlich glaubende Christ ausgerechnet von einem Ordenspriester sexuell missbraucht worden war, konnte ich kaum fassen. Doch genau das berichtete er mir. Seine Leidensgeschichte hat mich tief bewegt. Ich habe begriffen, was für einen furchtbaren Schaden sexueller Missbrauch hervorruft und wie lang und schmerzvoll der Weg ist, der vor den Opfern liegt.

Ich bin froh, dass Daniels Zeugnis nun auch anderen Menschen zugänglich gemacht wird, damit wir alle begreifen, wie tief das Böse selbst in das Herz eines Dieners der Kirche eindringen kann.

Wie aber kann es sein, dass ein Priester, der sich Christus und seiner Kirche geweiht hat, an dem Punkt angelangt, so viel Unheil anzurichten? Wie kann es dazu kommen, dass dieser Mensch, dessen Aufgabe es doch ist, die Kinder zu Gott zu führen, ein solches Kind in einem – wie ich einmal gesagt habe – »diabolischen Opfer« verschlingt, bei dem nicht nur das Kind verletzt wird, sondern auch das Leben der Kirche? Einige Opfer haben sich am Ende sogar das Leben genommen. Diese Toten lasten auf meinem Herzen ebenso wie auf meinem Gewissen und dem der gesamten Kirche. Ihren Familien möchte ich meine Liebe und meinen Schmerz zum Ausdruck bringen und sie voller Demut um Vergebung bitten.

Es handelt sich hier um eine absolute Ungeheuerlichkeit, eine schreckliche Sünde, die allem widerspricht, was die Kirche lehrt. Jesus richtet strenge Worte gegen diejenigen, die Kindern Leid zufügen: »Wer einen von diesen Kleinen, die an mich glauben, zum Bösen verführt, für den wäre es besser, wenn er mit einem Mühlstein um den Hals im tiefen Meer versenkt würde« (Matthäus 18,6).

Wie ich in meinem Apostolischen Schreiben vom 4. Juni 2016 *Wie eine liebende Mutter* gemahnt habe, ist es Aufgabe unserer Kirche, für die Schwächsten und Hilfsbedürftigsten Sorge zu tragen und sie zu behüten. Ich habe erklärt, dass wir jenen Priestern, die ihre Mission verraten haben, mit der größten Strenge begegnen werden. Dies gilt auch für Bischöfe oder Kardinäle, wenn sie diese Priester – wie es in der Vergangenheit wiederholt geschehen ist – unter ihren Schutz gestellt haben.

In all seinem Unglück konnte Daniel Pittet gleichwohl auch eine andere Seite der Kirche für sich entdecken. Eine Seite, die es ihm ermöglicht hat, nicht an den Menschen und an Gott zu verzweifeln. Dies gilt zum Beispiel für die Kraft des Gebets, die ihn niemals verlassen und die ihn in seinen dunkelsten Stunden aufgerichtet hat.

Er beschloss, seinen Peiniger vierundvierzig Jahre später aufzusuchen und diesem Mann, der ihn bis in die Tiefe seiner Seele verletzt hat, in die Augen zu sehen – und seine Hand zu ergreifen. Das verletzte Kind ist heute ein aufrechter Mann: verwundbar, aber aufrecht. Seine Worte haben mich sehr bewegt: »Viele Menschen können nicht verstehen, dass ich keinen Hass gegen ihn hege. Ich habe ihm verziehen und mein Leben auf dem Fundament dieses Verzeihens aufgebaut.«

Ich möchte mich bei Daniel bedanken, denn Zeugnisse wie seines machen es möglich, das bleierne Schweigen angesichts der Skandale und Leiden zu überwinden, bringen sie doch Licht in ein schreckliches Dunkel, das sich im Leben der Kirche verbirgt. Sie öffnen den Weg für eine angemessene Wiedergutmachung, einen Weg hin zur Gnade der Versöhnung. Darüber hinaus tragen sie auch dazu bei, dass sich die pädophilen Gewalttäter über das schreckliche Ausmaß ihrer Taten bewusst werden.

Ich bete für Daniel und all jene, die wie er in ihrer Unschuld verletzt wurden. Gott möge sie wieder aufrichten und ihnen Heilung vergönnen. Möge er uns allen verzeihen und barmherzig sein.

Papst Franziskus. 6. Dezember 2016

Das Chaos
meiner Kindheit

Am 10. Juni 1959 versucht mein Vater, meine Mutter um-
zubringen. Er hält ein großes Messer in der Hand und verletzt sie damit am Hals. Voller Panik fleht sie ihn unter den
angsterfüllten Blicken meiner älteren Schwester an, sie in
Ruhe zu lassen. Vergebens. Mein Vater lässt das Messer fallen, nimmt eine Rasierklinge und ritzt ein Andreaskreuz in
ihren Bauch. In den Bauch seiner Frau, in dem ich in diesem
Augenblick lebe, in dem ich mich bewege. Meine Mutter ist
im achten Monat schwanger. Ihr Bauch, das bin ich.

Am 10. Juli 1959 erblicke ich das Licht der Welt. Es ist ein
schlechter Start ins Leben. Durch den Angriff meines Vaters
bin ich für immer gezeichnet. Schon jetzt bin ich ein Über-
lebender.

Meine Eltern sind ein ungleiches Paar. Mein Vater ist ein
kräftiger Mann, er ist Maurer und ein Arbeitstier. Von seiner
Familie weiß ich so gut wie nichts. Meine Mutter ist eher in-
tellektuell veranlagt, feinfühlig und wohlerzogen. Ihre Mutter Alice ist französischer Abstammung, sie kommt aus einer
Gutsbesitzerfamilie, die über eine gewisse Bildung verfügte.
Durch den Krieg war die Familie verarmt, sie hatten Frankreich verlassen müssen. Sie hatten sich in Genf niederge-

lassen, wo mein Urgroßvater eine Anstellung als einfacher Landarbeiter fand. Meine Großmutter fühlte sich deswegen herabgesetzt in ihrem Stand.

Gleichwohl hatte die Familie die guten Manieren und das tadellose Benehmen ihrer Vorfahren übernommen. Meine Großmutter war stets gepflegt und hatte eine vornehme Ausstrahlung. Sie erzog uns streng, war auf Bildung bedacht. Das Essen wurde in ausgesuchtem Geschirr serviert, wir benutzten Silberbesteck, von dem wir uns immer fragten, wo es herstammte. Zu Tisch saßen wir aufrecht, die Hände korrekt platziert.

Nachdem meine Großmutter geheiratet hatte, verließ sie Genf. Das Paar ließ sich in Romont im Kanton Fribourg nieder. Mein Großvater Élie, Alices Ehemann, war ein Bauernsohn. Wie es damals gang und gebe war, kam auch er aus einer vielköpfigen Familie mit zehn Kindern. Als die Eltern starben, waren die Kinder noch minderjährig. Sobald mein Großvater das entsprechende Alter erreicht hatte, wurde er Fahrer in der Firma seines Onkels. Er kutschierte alle möglichen Leute umher und liebte es, die dabei aufgeschnappten Anekdoten zum Besten zu geben. Doch wie seine Eltern starb auch er jung und ließ meine Großmutter und die drei Kinder ohne jedes finanzielle Polster zurück. Doch in der Familie meiner Mutter waren alle immer sehr solidarisch untereinander. So sagte ihr ein Verwandter irgendwann: »Mach ein Geschäft auf, ich leih dir das nötige Geld!« Daraufhin ließ sie sich beraten und eröffnete einen Schreibwarenhandel, der es ihr zumindest ermöglichte, sich und ihre Kinder durchzubringen.

Mein Großvater Élie hatte eine Schwester, die in den Orden der Paulus-Schwestern eingetreten ist, der gemeinhin Œuvre de Saint-Paul genannt wird. Sie sollte eine entscheidende Rolle in meinem Leben spielen. Jene Ordensgemeinschaft versteht ihr Apostolat so, dass sie Verkündigung stark über die Medien betreibt, und arbeitet dabei eng mit Laien zusammen. Deshalb hat diese Gemeinschaft den Ruf, sehr weltoffen zu sein. Wie meine Tante, so wollte auch meine Mutter ihr Leben eigentlich der Religion weihen. Sie trat ins Kloster ein und verbrachte etwa ein Jahr bei den Paulusschwestern. Während dieser Zeit lernte sie meinen Vater kennen und verfiel seinem Charme. Sie erzählte ihrer Mutter davon, die sich beim Pfarrer der Gemeinde, aus der der junge Mann stammte, Rat holte. Es war durchaus üblich, sich beim Pfarrer zu informieren. Dieser hatte nichts zu beanstanden und erinnerte sich vielmehr daran, dass mein Vater ein guter Messdiener gewesen sei, was in den Augen meiner Großmutter eine sehr fromme Eigenschaft war. So erteilte sie meiner Mutter die Erlaubnis, das Kloster zu verlassen und zu heiraten. Meine Mutter überkamen jedoch Zweifel an ihrer Entscheidung, als sie sich ihrer Schwester anvertraute. Was zu dieser Zeit noch keiner ahnte: der junge Mann, der einmal mein Vater werden würde, war psychisch krank. So heiratete das Paar, meine Schwester und mein Bruder wurden geboren, und ein paar Jahre später zogen meine Eltern nach Genf.

Jahre später, am 10. Juni 1959. An dem Tag, an dem wie eingangs geschildert mein Vater über meine im achten Monat schwangere Mutter mit dem Messer herfällt. Irgendwann trifft der Rettungswagen ein, bringt meine Mutter in Sicherheit, während mein Vater für mehrere Monate in eine psychiatrische Klinik eingewiesen wird. Es heißt, er leide unter Paranoia. Schockiert und traumatisiert, beschließt meine Mutter, Genf zu verlassen und wieder bei meiner Großmutter in Romont zu leben. Als mein Vater aus der Klinik entlassen wird, kommt er nach – zur großen Verzweiflung meiner Großmutter. In einem Steinmetzbetrieb ganz in der Nähe findet er eine Anstellung. Meine Mutter bekommt noch zwei weitere Kinder von ihm. Kurze Zeit später findet er Arbeit in Lausanne.

Ich habe nur verschwommene Erinnerungen an diese Zeit, da ich noch sehr klein war. Ich erinnere mich, dass mein Vater ein Zimmer in der Nähe seiner Arbeitsstelle hatte und dass er am Sonntagnachmittag zu uns kam, am selben Abend jedoch wieder nach Lausanne zurückfuhr. Wir waren gern mit ihm zusammen. Zwar unternahmen wir nicht viel mit ihm, aber er ging mit uns oft nach Romont, wo wir ein Glas Saft zusammen tranken und dann nach Hause zurückkehrten. Ich mochte diese wenigen Augenblicke, die wir mit ihm verbrachten, weil ich meinen Vater lieb hatte.

Meine Großmutter hatte meinen Vater nicht lieb, im Gegenteil: Sie wollte am liebsten, dass er aus unserem Leben verschwand. Wenn wir von unserem Spaziergang zurück waren, verbrachten wir eine ganze Weile damit, all ihre Fragen zu beantworten. Sie wollte wissen, was wir gemacht hatten und was er gesagt hatte, und sie kommentierte und kritisierte unsere Antworten. Ich fand diese Gespräche sehr unangenehm, weil ich als Kind nicht begriff, dass mein Vater psychisch krank war. Ich hatte ihn einfach lieb, weil er mein Vater war. Noch heute erinnere ich mich daran, wie ich insgeheim immer an ihn dachte.

Im Jahr 1965, ich bin gerade fünfeinhalb, erkranke ich so schwer, dass meine Mutter jeden Tag nach der Arbeit mit mir zu Fuß ins Krankenhaus geht. Ich habe Urämie und muss regelmäßig zur Bluttransfusion. Ich bin ein schmächtiges, schwächliches Kind, und alle sagen, dass ich nicht weit kommen werde. Eines Tages höre ich zufällig eine Unterhaltung zwischen meiner Mutter und dem Arzt. Sie sprechen über mich und mir wird klar, dass ich sterben werde. Ich kann mich nicht erinnern, dass diese Neuigkeit ein Schock für mich gewesen sei. Vielmehr hilft sie mir, mich selbst vorzustellen, wie ich von Engeln umgeben im Paradies bin. Überhaupt bin ich gern im Krankenhaus, weil alle nett zu mir sind. Der Arzt hat mich gern und auch das Pflegepersonal kümmert sich sehr um mich. Fast sechs Monate lang liege ich auf Station. Eines Tages bin ich wieder gesund und kann nach Hause gehen. Mit Dr. Lang, der mich über die vielen Monate hinweg gepflegt hat, bleibe ich in Verbindung. Diese Zeit im Krankenhaus hat uns irgendwie zusammengeschweißt. Er hat mich ins Herz geschlossen und auch bei seiner Familie bin ich stets willkommen. Jeden Mittwoch darf ich zu ihm nach Hause kommen und eine Kindersendung im Fernsehen anschauen. Das sind fantastische Momente, denn meine Familie besitzt in dieser Zeit keinen eigenen Fernseher. Nur die wohlhabenden Familien können sich das leisten. Oft steckt mir mein Wohltäter einen Fünf-Francs-Schein zu. Dieser Mann hat mir viel bedeutet, ohne dass er es wusste, denn er hat mir gezeigt, wie viel ich ihm bedeutete. Als wir Romont unter dramatischen Umständen verlassen mussten, dachte ich, dass ich ihn niemals wiedersehen würde.

Bis zu einem Sonntag, dreißig Jahre später. Ich bin damals in der Messe in der Zisterzienserabtei La-Fille-Dieu in Romont und setze mich neben einen älteren Herrn. Beim Hinausgehen verabschiede ich mich und wünsche einen »schönen Sonntag«. Der ältere Herr lacht und antwortet: »Schönen Sonntag, heute ist mein Geburtstag!« Überrascht sehe ich ihn an: »Was für ein Zufall! Ich habe auch Geburtstag heute! Wie heißen Sie denn?« – »Ich bin Dr. Lang aus Romont.« – »Dr. Lang? Und ich bin Daniel Pittet!« Die Überraschung steht ihm ins Gesicht geschrieben. »Daniel Pittet? Der kleine Daniel?« Wir umarmen uns. Es ist genau der richtige Moment, sich bei ihm für all das zu bedanken, was er für mich getan hat. An diesem Tag kommt es mir so vor, als wäre er hundert Jahre alt. Dabei ist er erst fünfundsiebzig! Das Wiedersehen auf der Kirchenbank war wundervoll. Es war das letzte Mal, dass ich ihm begegnet bin. Zwei Jahre später erfahre ich von seinem Tod.

Zurück in meiner Kindheit, ich bin noch immer klein und schmächtig. Meine jüngste Schwester wird geboren und mein Vater verhält sich sehr merkwürdig. Er geht ins Bistro, trinkt ein paar Gläser zu viel und verbreitet ein ungeheuerliches Gerücht: Er verkündet, dass seine Kinder nicht von ihm seien. Jedes Kind stamme von einer angesehenen Persönlichkeit der Stadt. Meine älteste Schwester sei vom Pfarrer, mein Bruder vom Anwalt, ich selbst vom Doktor, mein kleiner Bruder stamme vom Sohn des Besitzers des Hauses, in dem meine Großmutter wohnt, und meine Schwester sei die Tochter des Oberamtmanns. Er bezeichnet diese Männer zugleich als die Geliebten meiner Mutter und die Väter seiner Kinder – mein Vater ist ein rebellischer Mann, ein kranker Rebell.

Diese aberwitzige Behauptung stürzt unsere Familie in die Katastrophe. Man fordert uns auf, Romont zu verlassen, da das Gerede eine zu große Belastung sei. »Sie können nichts dafür, Madame, aber Sie müssen aus Romont weg. Sie können nicht länger hier bleiben«, so die Worte des Oberamtmanns. Weggehen? Was für ein Schock! Meine Mutter und meine Großmutter haben schon immer in Romont gelebt. Wo sollen sie hin? Und womit sollen sie einen solchen Umzug bezahlen? Meine Großmutter lebt seit eh und je von ihrem Schreibwarenhandel, sie kann nicht ohne ihre Kundschaft fortgehen! Wovon soll sie leben? All diese Fragen kreisen in ihrem Kopf, sie ist verzweifelt. Soll sie ihrer Tochter und ihren Enkeln folgen? Wir werden vertrieben! Wegen eines haltlosen Gerüchts werden wir an den Rand der Gesellschaft gedrängt! Es ist unvorstellbar, wir werden aus unserer eigenen Stadt gejagt! Ich glaube nicht, dass man so eine Erfahrung einfach so wegsteckt. Und so ist es auch für uns. Bei meiner Großmutter jedenfalls sitzt der Schock tief. Sie ist eine Geschäftsfrau, jeder kennt und respektiert sie. Doch auch wenn sie riskiert, alles zu verlieren, beschließt sie, mit uns zu gehen.

Zur selben Zeit verschwindet mein Vater aus unserem Leben, wir schreiben das Jahr 1967. Ganz offiziell wird vor dem

Oberamtmann das entscheidende Dokument unterzeichnet: Meine Eltern sind von Rechts wegen geschieden. Eine Zeit lang müssen meine Geschwister und ich regelmäßig nach Lausanne und uns dort einem Psychotherapeuten vorstellen, um herauszufinden, ob die schrecklichen Ereignisse Spuren bei uns hinterlassen haben. Schließlich wird das Urteil gefällt: »Die Kinder dürfen ihren Vater nicht mehr sehen. Er schadet ihrer Gesundheit.« Meine Großmutter und meine Mutter erklären, dass wir ihn nicht wiedersehen werden. Ich bin acht Jahre alt. Inzwischen heißt es, mein Vater sei tot. Das ist einfacher, als die ganze absurde Geschichte zu erklären. Anfangs weiß ich schon, dass er noch lebt. Doch nach und nach glaube ich der Einfachheit halber selbst daran, dass er tot sei.

Das Überraschendste an dieser ungewöhnlichen Situation ist, dass man uns zugleich ausschließt und beschützt. Zuerst heißt es, wir werden nach Bern geschickt. Doch Bern liegt am anderen Ende der Welt. Und meine Familie besitzt kein Auto oder ein anderes Transportmittel. Nach Bern zu gehen, hieße also, der französischen Schweiz endgültig den Rücken zu kehren und in einer für uns vollkommen fremden Umgebung neu anzufangen. Bern ist die Hauptstadt der Schweiz und noch dazu eine deutschsprachige Stadt. Die Leute reden Schweizerdeutsch und keiner von uns beherrscht diese Sprache. Doch wie gesagt: Die Familie meiner Mutter ist solidarisch und so eilt zum Glück meine Großtante zu Hilfe. Als Mutter Oberin beim Œuvre de Saint-Paul hat sie einen gewissen Einfluss in diesem sozialen Milieu, in dem Politik und Religion noch vollkommen miteinander verwoben sind. Dank ihrer Beziehungen schafft sie es, uns nach Fribourg zu bringen, in die zweisprachige Hauptstadt des Kantons. Die Idee gefällt allen, denn die Stadt ist groß genug und keiner kennt uns hier. So werden wir nicht auffallen. Man besorgt uns eine billige Wohnung. Noch heute sage ich »man«, denn ich habe keine Ahnung, wer wirklich hinter diesem Umzug steckte und wer sich danach um die Formalitäten und die finanziellen Angelegenheiten gekümmert hat.

Von Familie zu Familie

Wider Erwarten kommen wir in Fribourg unter günstigen Bedingungen unter. Wir wohnen in der Rue de Morat, im selben Gebäude wie das städtische Bestattungsunternehmen. Es ist eine alte Straße in der Oberstadt von Fribourg, in der sich mehrere Klöster befinden. Am Ende der Straße liegt die Kathedrale. Es sind keine hundert Meter bis zum Kloster der Kapuzinermönche. Wir kommen aus einer alten Wohnung in Romont und finden uns in einem Haus für bedürftige Familien wieder, in dem alles neu ist: viereinhalb Zimmer, eine schöne Küche, geräumige Zimmer. Ich teile mir ein Zimmer mit meinen beiden Brüdern. Die Krönung für meine Großmutter: Vom Balkon aus sieht man die Kathedrale. Großartig! Wir verkehren mit einfachen Leuten, mit denen wir uns gut verstehen, vor allem mit den Hausmeistern. Die Schule ist nicht weit entfernt, schnell finden wir Anschluss. Mama hat eine Anstellung als Bürokraft bei der Ausländerbehörde gefunden. Nachdem wir unter ziemlich dramatischen Umständen in Fribourg angekommen sind, haben meine Großmutter und meine Mutter inzwischen wieder etwas von dem verlorenen gesellschaftlichen Status zurückerlangt.

Es bleibt allerdings nicht viel übrig, da wir sehr arm sind und das Gehalt meiner Mutter ziemlich dürftig ist. Schwester Jeanne vom Œuvre de Saint-Paul kümmert sich um uns. Tag für Tag heben die Schwestern die Essensreste der Klostermahlzeiten auf, füllen alles in ein kleines Behältnis, das ich abhole, meine Großmutter wärmt die Reste dann für uns auf. So muss sie nur wenig Geld für Lebensmittel ausgeben und kann andere wichtige Dinge kaufen. Durch die Vermittlung derselben Ordensschwester kommt unsere Familie auch in Kontakt mit der wohlhabenden Gesellschaft von Fribourg. In jener Zeit bieten die reichen Leute kleine bezahlte Jobs an.

Ich selbst erledige bald mit die unterschiedlichsten Aufgaben: Ich arbeite als Gärtner, mähe den Rasen, kaufe ein und helfe beim Saubermachen. So arbeite ich bei verschiedenen Familien und verdiene etwas Geld dazu. Das macht mir großen Spaß. Zum Beispiel sind mein Bruder und ich als Boten bei der Familie Deiss beschäftigt, deren Sohn Joseph Jahre später Präsident der Schweizerischen Eidgenossenschaft werden sollte. Die vier Kinder sind etwa zehn Jahre älter als ich. Es herrscht eine sehr herzliche Atmosphäre in der Familie, und ich fühle mich wohl bei den Menschen, die mich auf Anhieb bei sich aufnehmen. Monsieur Deiss zahlt meinem Bruder und mir ein monatliches Gehalt, das wir uns teilen. Meine Mutter eröffnet für uns ein Konto, auf das sie das Geld einzahlt, sodass ich später, wenn die Zeit gekommen ist, eine hübsche Summe angespart haben werde. Ich gehe zwei Mal in der Woche zu der Familie. Madame Deiss mag ich sehr gern, denn sie ist geradeheraus und gerecht. Wenn ich ihr das Einkaufsgeld zurückgebe, zählt sie jedes Mal vor meinen Augen nach und lobt mich. Dadurch gibt sie mir das Gefühl, mich wertzuschätzen. Madame Deiss wird auch meine Patin bei der Erstkommunion. Wenn ich dort bin, gibt es ein köstliches Frühstück, mit Käse, frischem Brot und Butter – alles Dinge, die mir geradezu luxuriös vorkommen. Wir trinken Sinalco, eine Orangenlimonade, die es sonst nirgends gibt. Die Eltern Deiss sind unendlich gut zu mir. Bis zum Tod von Madame Deiss bin ich jede Woche bei ihnen.

Die Tatsache, dass wir mit wohlhabenden Familien verkehren, bringt meine Mutter dazu, sich zu wünschen, dass wir auf eine höhere Schule gehen. Die Mehrheit der Kinder aus angesehenen Familien ist auf dem Saint-Michel-Gymnasium in Fribourg, dessen guter Ruf weit reicht. Doch leider ist der Zugang zu diesem Gymnasium einer gewissen Elite vorbehalten, zu der wir nicht gehören. Ich bin auch gar nicht sicher, ob ich die nötigen Fähigkeiten besitze, um höhere Studien zu betreiben. Meine gesamte Kindheit über habe ich gespürt, wie wichtig der soziale Status für meine Familie ist. Unser gesellschaftlicher Abstieg hat meine Großmutter und meine Mutter daher sehr belastet. Meine Mutter hätte am liebsten ihren Mädchennamen wieder angenommen, da sie diesen für würdiger hielt als den Namen Pittet. Ich bin zwölf Jahre alt und begreife jetzt schon, dass eine Namensänderung unser Leben kein bisschen verändern würde. Wir sind und bleiben arm, welchen Familiennamen auch immer wir tragen.

So bin ich als Kind oft auf der Straße. Die Stadt Fribourg ist in mehreren Abschnitten entstanden. Die unten gelegene Altstadt wurde errichtet entlang des Flusses, Sarine, der sie durchquert. Die Neustadt wurde hoch oben um die alles beherrschende Kathedrale herum gebaut. Ich wohne immer in der Nähe der Kathedrale, irgendwo zwischen Alt- und Neustadt. Als Bote kenne ich sämtliche Geschäfte der Stadt. Die Mehrzahl der Leute grüße ich, weil ich ein offenes Kind bin und gern mit Menschen rede.

Zu meiner Mutter dagegen habe ich in dieser Zeit nur wenig Kontakt, sie arbeitet rund um die Uhr. Unsere familiäre Situation ist ungewöhnlich, da sich in den 60ern eine normale Familie aus einem Vater, einer Mutter und den Kindern zusammensetzt. Die Frau bleibt zu Hause, der Mann geht arbeiten. Nicht umsonst haben Frauen in der Schweiz erst im Jahr 1971 das Wahlrecht erlangt. Bei uns lief das anders ab: Die ersten Jahre meiner Kindheit wurde ich von zwei Frauen großgezogen, in einer Umgebung, in der es keine Männer gab. Immerhin sind beide Frauen sehr gläubig und fromm. So gesehen passen sie gut in die Fribourger Gesellschaft, die zum größten Teil aus praktizierenden Katholiken besteht. Die Stadt beherbergt zahlreiche religiöse Orden in ihren Mauern. Geistliche in langen Gewändern laufen von morgens bis abends durch die Straßen. Die ganze Atmosphäre ist religiös-konservativ. In unserem Wohnzimmer hängen Fotografien von Papst Johannes XXIII., General Guisan, dem Oberbefehlshaber der Schweizer Armee im Zweiten Weltkrieg, und dem hiesigen Bischof. Wir stehen zu den Werten von Religion und Heimat und bevorzugen die konservative Christlichdemokratische Volkspartei (CVP). Bei uns hat das Gebet nichts mit dem stillen Kämmerlein zu tun.

Wir beten, um den Herrgott um etwas zu bitten oder um uns bei ihm zu bedanken. Das Leben ist rau und ständig müssen wir um alles kämpfen. So gesehen ist das Gebet eine große Hilfe. Meine Großmutter bedankt sich bei Gott dafür, dass er ihr die Kraft zum Durchhalten gibt. Sie vertraut ihm unser Leben an. Wir beten jeden Tag, immer vor dem Essen und vor dem Schlafengehen. Und ich liebe die Momente, wenn wir den Rosenkranz beten. Jeden Sonntag das Gleiche, es ist zu einem Ritual geworden. Mit der ganzen Familie gehen wir zu Fuß zur Kapelle von Notre-Dame de Bourgouillon. Diese wunderschöne Kapelle überstrahlt die Altstadt von Fribourg mit ihrem fantastischen Farbenspiel, sie sieht aus wie eine vollständig mit Ruß überdeckte Grotte. Es ist ein eindrucksvoller und geradezu magischer Ort. Unzählige Menschen versammeln sich an diesem Pilgerort, der die Gläubigen aus der ganzen Schweiz und sogar aus anderen Ländern anzieht. Sie suchen hier Frieden, Trost und Heilung, oft wollen sie sich aber auch bedanken. Noch heute gehe ich gern nach Bourgouillon, um zu beten.

Meine Großmutter kennt sehr viele Geistliche, denen sie mit enormem Respekt begegnet. Woche für Woche kommt ein Priester zu uns nach Hause, um ihr die Kommunion zu spenden. Sie schließt sich mit ihm im Zimmer ein, was uns unglaublich neugierig macht. Zu gern würden wir wissen, was hinter der verschlossenen Tür gesprochen wird. Manchmal lauschen wir, um ein Wort zu erhaschen, aber umsonst. Mit den Worten »Eure Großmutter darf nicht gestört werden« verlässt der Priester das Haus wieder, was die Sache noch geheimnisvoller macht.

Meine Großtante ist eine Freundin von Marthe Robin, die ein ganz außergewöhnliches spirituelles Leben führt. Aufgrund einer Gehbehinderung, die mit der Zeit immer schlimmer wurde, blieb diese große französische Mystikerin das ganze Leben lang in ihrem Zimmer. Schon in sehr jungen Jahren zeigten sich bei ihr Stigmata. Marthe Robin hatte das Glück, Pater Finet zu begegnen, der sich bis zu ihrem Tod um sie kümmern sollte. Diese von meiner Familie zutiefst bewunderte Frau gründete die Gemeinschaften *Foyers de Charité* sowie *Foyers de retraite et de méditation*. Meine Mutter kommt über Marthe Robins Tante in Kontakt zu ihr. Gemeinsam besuchen sie Robin in Châteauneuf-de-Galaure. Zwischen meiner Mutter und ihr entsteht ein reger Briefwechsel. Pater Finet liest ihr die Briefe vor, die sie erhält, und antwortet für sie. Marthe Robins Worte sind immer sehr schlicht, doch sie wirken wahrhaftig und gehaltvoll. Dieser Briefwechsel hilft meiner Mutter sehr, und so gewinnt die Mystikerin einen bedeutenden Platz in unserer Familie. Marthe Robin wird zu unserer wichtigsten Ratgeberin.

Unsere Vertreibung aus Romont wirkt allerdings nach. Meine Mutter sorgt sich, dass wir uns nicht gut in Fribourg integrieren würden, da wir ja förmlich aus Romont verstoßen wurden. Sie beschließt, uns bei den Pfadfindern anzumelden, einer der Pfarrgemeinde angeschlossenen Organisation. Darüber hinaus werden ihre drei Söhne Messdiener in der Kathedrale Saint-Nicolas: Wir sind bei allen Tauffeiern, Hochzeiten und Beerdigungen dabei. Das Gemeindeleben ist überaus aktiv. Ich bin an musikalisch gestalteten Messen beteiligt, bei denen der Chor der Kathedrale singt. Sie schenken mir ein Gefühl von Freude und beruhigen mich. In diesem Kontext fange ich an, klassische Musik zu mögen. Ich werde gut aufgenommen von den etwa zehn Chorherren, zu denen einige Akademiker gehören. Einige von ihnen helfen einer Mutter. Und noch weitere gebildete Personen kreisen um diese kleine Welt, etwa der Ortsbischof. Die Kathedrale nimmt aber auch Priester auf, die nur vorübergehend hier sind, und so bekomme ich die wunderbare Gelegenheit, Kardinal Charles Journet zu begegnen. Mir kommt es vor, als versuche er unsichtbar zu sein, so lautlos schleicht er an den Häuserwänden entlang. Ich bin zwar noch ein Kind, spüre jedoch bereits, dass dieser Mann äußerst demütig und zugleich freundlich, ja dass er eine ganz außergewöhnliche Persönlichkeit ist. Allerdings habe ich keine Ahnung davon, dass Journet ein angesehener Intellektueller ist, der dem Philosophen Jacques Maritain nahesteht. Ich ahne nicht, dass der Kardinal in den Internierungslagern in der Nähe der Stadt unterrichtet und seine Stimme während des Zweiten Weltkriegs so deutlich gegen Deportation und Antisemitismus erhoben hatte, dass er von der Schweizer Regierung überwacht worden war. Journet lebt zu dieser Zeit im Priesterseminar von Fribourg. Er hat viele spirituelle Anhänger, unter anderem Kardinal Cottier, der später als theologischer Berater von Johannes Paul II. in Rom tätig war, sowie die Bischöfe von Fribourg Pierre Mamie, Bernard Genoud sowie Charles Morerod.

Der Kardinal sagt zwei Dinge zu mir, die sich mir eingeprägt haben. Die erste Sache ist eher unbedeutend: Er rät mir, doch bitte mein Latein zu verbessern, denn er hat den Eindruck, dass ich die Messe nicht gut genug verstehe. Die zweite Sache trifft mich bis ins Innerste: »Solltest du eines

Tages Leid erfahren, gehe neunmal zur Kapelle von Bourguillon. Beim neunten Mal wirst du wissen, warum du leidest.« Ein paar Jahre später sollte ich mich an diesen Satz erinnern.

Anfang des Jahres 1970 erkrankt meine Großmutter schwer. Sie wird in einem Heim untergebracht, das eine wichtige Rolle in meinem Leben spielen sollte: *La Providence* – ein bedeutungsvoller Name. Das in der Altstadt, an der zur Kathedrale führenden Straße gelegene Heim ,nimmt Arme und Kranke auf, Alte und schwer erziehbare Kinder. Die Generationen vermischen sich hier. Das Haus wird von Ordensschwestern geleitet, die sich unermüdlich um die Menschen kümmern, die am wenigsten haben. Meine Großmutter ist am Ende ihrer Kräfte. Sie spricht nicht mehr, aber sie tut sich schwer mit dem Sterben. Für meine Mutter ist es eine Qual, sie in diesem Zustand zu sehen. Sie kümmert sich Tag und Nacht um sie, so sehr, dass sie uns fünf vernachlässigt. Tagsüber arbeitet sie, isst im Heim zu Mittag und verbringt monatelang jeden Abend am Bett ihrer Mutter. Anfangs schlagen sich die Kinder alleine durch. Doch es kommt der Tag, an dem eine Entscheidung ansteht: Wir müssen weg. Alle Geschwister werden in Pflegefamilien oder Einrichtungen untergebracht.

Ich komme zu einer sehr gläubigen Familie. Die Eltern engagieren sich stark für die *École de Foi*, die zu jener Zeit viele Kanadier bei sich aufnimmt. Ich treffe viele Leute. Ich fühle mich wohl hier. Regelmäßig wird die Messe gefeiert und ich nehme gern daran teil. Kurz darauf komme ich in eine andere Familie, zum Küster der Kathedrale von Fribourg. Ich esse und ich schlafe hier. Die Leute sind gut zu mir. Zu meinem größten Glück, wenn man das so sagen kann, gehört die Tatsache, dass sie ganz in der Nähe des Heims *La Providence* wohnen, sodass ich mit meiner Mutter zu Mittag essen und meiner sterbenden Großmutter guten Tag sagen kann. Während dieser Übergangsphase lerne ich in *La Providence* eine Ordensschwester kennen, die sich meiner annimmt, wie es nur eine Mutter tun kann. Ihr Name ist Schwester Isabelle. Sie lehrt mich, alles zu geben, ist sie doch selbst von einer unendlichen Großherzigkeit. Sie hat Schwester Jeanne abgelöst und besorgt uns Grundnahrungsmittel wie Butter, Brot und Milch. Diese Frau ist unendlich gut zu mir, immer hat sie an mich geglaubt. Später werde ich sie viele Jahre lang regelmäßig besuchen.

Eines Tages geschieht, was geschehen musste: Meine Großmutter stirbt. Meine Mutter verliert den Boden unter den Füßen. Sie akzeptiert den Tod meiner Großmutter nicht. Sie wird selbst ins Krankenhaus eingeliefert. Lakonisch informiert sie mich über ihre Entscheidung: »Ich werde ins Krankenhaus gehen und du kommst wieder zu einer Pflegefamilie.« Ich entgegne: »Ich möchte zu Hause bleiben.« Es ist mein sehnlichster Wunsch. »Nein, das ist nicht möglich, du musst weg.« Ich weine. »Du kannst weinen, so viel du willst, es gibt keine andere Lösung! Ich muss ins Krankenhaus!« Das ist alles, was sie an Erklärungen gibt. Und ich denke, ich bin der einzige von uns Geschwistern, mit dem sie darüber gesprochen hat. Meine Brüder und Schwestern werden für eine lange Zeit und ohne dass sie erfahren, warum, in Pflegefamilien untergebracht. Diese neue Situation erschüttert mich bis ins Mark. Ich begreife sie nicht und ich habe Angst. Ich frage mich, wo ich diesmal unterkomme.

Man nimmt mich aus der Lüsterfamilie und bringt mich in *La Providence* unter. Ich kenne die Räumlichkeiten, was mir etwas Sicherheit gibt. Der Chef meiner Mutter hat seiner Frau erzählt, dass man mich hierher gebracht hat. Als sie erfährt, dass meine Großmutter tot und meine Mutter krank ist, hat sie Mitleid mit mir. Deshalb lädt sie mich zu sich nach Hause ein. Einer ihrer Söhne ist genauso alt wie ich und wir werden Spielkameraden. Und: Die Frau schenkt mir mein erstes Transistorradio – ein unglaublich tolles Geschenk. Mit dem größten Vergnügen höre ich die Nachrichten, Musik, ich höre alles, was kommt, auch wenn es etwas rauscht. Ein solches Geschenk zu bekommen, ist unglaublich! Niemand in meiner Familie könnte sich so etwas leisten.

Meine Mutter bleibt im Krankenhaus. Man sagt uns, sie habe Krebs. Eines Tages besucht mich eine ihrer Kolleginnen im Heim. Ich erinnere mich noch an ihre direkten Worte: »Deine Mutter liegt im Sterben, du musst sie besuchen. Wenn du willst, begleite ich dich.« Wir fahren also nach Bern. Als wir im Krankenhaus ankommen und das Zimmer betreten, schläft meine Mutter im Bett – sie lebt. Zu meiner großen Überraschung liegt sie gar nicht im Sterben, und ich finde sie auch nicht besonders krank, was mich noch mehr in Erstaunen versetzt. Unser Gespräch beschränkt sich auf zwei Sätze: »Wann kommst du nach Hause?« Es ist meine größte Sorge. »Ich weiß es nicht«, antwortet meine Mutter. Dann reise ich wieder ab. Wir kehren nach Fribourg zurück, und nichts ändert sich. Aber immerhin hatte ich das Glück, sie besuchen zu dürfen. Meine Geschwister haben dieses Glück nicht.

Eines Tages taucht meine Mutter ohne jede Vorwarnung in *La Providence* auf. Sie ist auf einmal einfach da. Da wir im selben Haus leben, ist es nicht schwer, sich zu begegnen. Von Zeit zu Zeit gehe ich in ihre Etage hinauf, klopfe an ihrer Zimmertür, sage Guten Tag und gehe wieder. Dabei erinnere ich mich an einen schrecklichen Moment. Ich bin noch auf der Treppe, als ich Schreie höre. Fürchterliche Schreie. Von Panik ergriffen, flüchte ich mich in die Kapelle. Ich denke, dass meine Mutter im Sterben liegt. Ich bete mit lauter Stimme. »Wenn du sie zu dir holen willst, mach schnell!« Ich spreche zu Gott mit all der Überzeugung, die ein Kind aufbringen kann. Nach einer Weile trete ich aus der Kapelle. Eine Schwester kommt auf mich zu und sagt: »Es ist vorbei, du kannst jetzt zu deiner Mutter, es geht ihr wieder besser.« Ich betrete das Zimmer, sie sieht friedlich aus. Es ist eine jener vollkommen unbegreiflichen Situationen. Diese Ungereimtheiten und Widersprüche sind nur schwer zu ertragen. Erst sehr viel später erfahre ich, dass meine Mutter eine schwere Panikattacke hatte und meinte, den Teufel gesehen zu haben.

Meine Mutter hat keinen Krebs, sondern, glaube ich heute, eine heftige Depression. Zu jener Zeit war eine psychische Krankheit etwas, für das man sich schämte. Man sprach nicht darüber, weil man sie für eine Geisteskrankheit hielt. Depressiv hieß so viel wie »verrückt«. Die Betroffenen wurden ihr ganzes Leben lang ausgegrenzt, und ihre Familien mit ihnen. Eine Depression zu durchleben, bedeutete, dass die Familie einen Makel hatte. Also zog man es vor, zu sagen, man habe Krebs. Das war weniger schmachvoll.

Diese Depression hatte meine Mutter so sehr geschwächt, dass sie ihre Arbeit nicht wieder aufnehmen kann. Sie bekommt vom Staat eine Invalidenrente. Als sie endlich aus *La Providence* entlassen wird, ziehen wir aus unserer Wohnung in der Rue de Morat, in die schickste Straße von Fribourg, um. Uns erwartet eine Fünfeinhalb-Zimmer-Wohnung mit Parkett, großen Fenstern und Blick auf die Alpen. Doch der Schein trügt: Bis heute weiß ich nicht, womit wir die Miete bezahlen konnten. Gelegentlich sagte man mir in der ein oder anderen Familie, in der ich untergebracht war: »Erinnere den, der sich um dich kümmert, daran, dass er seit drei Monaten nichts überwiesen hat.« Aber wer sollte das sein? Ich kenne ihn nicht. Mehrere Jahre sollten wir in dem schönen Haus bleiben, doch niemand hätte sich je vorstellen können, wie ungewiss unsere Lage tatsächlich war. Dieses Paradox durchzieht mein Leben wie ein roter Faden: auf der einen Seite Elend, auf der anderen Komfort, der nicht zu unserem sozialen Status passte.

Erst später erfahre ich, dass die Schwestern von *La Providence* uns regelmäßig große Geldsummen überweisen. Sie erhalten Spenden von reichen Familien und verteilen diese dann an bedürftige. Jahrelang habe ich versucht, die Namen der Leute herauszufinden, die uns geholfen haben. Auch andere religiöse Gemeinschaften unterstützen uns. Wir bekommen Kleidung und Schuhe. So werden wir in der Schule die »Holzpantinen-Pittets« genannt. Die Schuhe werden durch die Spende einer reichen Frau finanziert. Sie hat ihr Vermögen den Leuten hinterlassen, die sich keine Schuhe leisten können.

Meine Familie, das sind die Ordensschwestern von Saint-Paul, von *Saint-Vincent-de-Paul* und *La Providence*, die Schwestern von *Sainte-Ursule* und all die Pflegefamilien. Aber es sind auch die Nonnen von *Sainte-Agnès* und die Lehrerinnen in der Schule, die mir helfen. Ohne sie würde mein Lebensweg im Gefängnis enden. Denn auch wenn ich ein sehr frommes Kind bin, bin ich doch auch ein Schlitzohr. Mit entsprechendem Umgang könnte das böse ausgehen. Deshalb sage ich mir damals immer wieder, dass ich Glück hätte, in einer religiösen Umgebung aufzuwachsen. So bin ich beschützt und bei den Schwestern bekomme ich immer genug zu essen. Außerdem bete ich gern und kümmere mich sogar um die älteren Schwestern. Es macht mir Spaß zu diskutieren, und ich fühle mich ein bisschen wie ihr Kind. Immer habe ich mich geliebt gefühlt von den Ordensschwestern, die mir begegnet sind. Jedes Jahr bekomme ich einen Lebkuchen zum Nikolaustag, dem Fest unseres Stadtpatrons. Bis über mein dreißigstes Lebensjahr hinaus bewahren die Schwestern einen Lebkuchen für mich auf und rufen an, wenn ich ihn abholen kann. Ich schäme mich etwas, mit dreißig noch so einen Lebkuchen zu bekommen, aber ich tue mich schwer, ihn abzulehnen, weil ich die Schwestern nicht verletzen möchte.

Der Abstieg in die Hölle

Doch gehen wir noch einmal zurück, genau gesagt in das Jahr 1968, einem Julitag. Dem Tag, an dem ich zum ersten Mal meinem Vergewaltiger begegnete. Während einer Messe, die er in der Kathedrale las.

Man kann auf unterschiedliche Weise von einer Vergewaltigung berichten. Ich könnte zurückhaltend sein und die Geschichte so zusammenfassen: Vier Jahre lang, von meinem neunten bis zu meinem dreizehnten Lebensjahr, wurde ich von einem Priester missbraucht. Ich könnte meine Erlebnisse erzählen, ohne den Leser vor den Kopf zu stoßen. Doch was würde er von dem Leid begreifen, das durch einen solchen Missbrauch verursacht wird, wenn ich es in ein paar knappen Zeilen zusammenfasse?

Auch könnte ich von meinen Gefühlen berichten. Im Nu würde ich den Leser dazu bringen, Mitleid mit mir zu empfinden. Doch man empfindet, wenn man vergewaltigt wird, Ohnmacht, Wut, Traurigkeit, Hass, Verzweiflung, Einsamkeit, Feigheit. Nicht Mitleid. Man empfindet eine Mischung aus allen möglichen Gefühlen, über die ich lange Jahre lang geschwiegen habe. Wie kann es sein, dass ich nicht verrückt geworden bin?

Heute, nach achtzehn Jahren Therapie, möchte ich genau die Worte verwenden, die mir angemessen scheinen, um zu beschreiben, was ich erlebt habe. Ganz gleich, ob sie politisch korrekt sind oder nicht. Es sind meine Worte, und deshalb drücken sie am besten aus, wie meine Erfahrungen als vergewaltigtes Kind ausgesehen haben. Manchmal werden meine Worte schonungslos sein, denn eine Vergewaltigung ist abstoßend, sie ist schmutzig. Nach einer Vergewaltigung fühlt man sich immer zutiefst beschmutzt. Es bleibt eine unauslöschliche Spur zurück. Für immer.

Ein Samstag wie jeder andere, ein Kapuzinermönch, Pater Joël Allaz, betritt die Kathedrale, um die Messe zu feiern. Warum er? Ich habe keine Ahnung. Müsste ich spekulieren, würde ich sagen, er witterte eine heiße Nummer. Er ist sympathisch und aufmerksam. Nach dem Gottesdienst lädt er mich zu sich ein. Er möchte mir jemanden vorstellen, er möchte mir eine Amsel in seinem Kloster zeigen. »Eine sprechende Amsel, weißt du ...« Ich bin neun Jahre alt, und es ist großartig: Was für eine Versuchung! Ich möchte diesen sprechenden Vogel gerne sehen. Aber ich muss meine Großmutter um Erlaubnis fragen. Der Pater hat es nicht eilig und er versteht mich auf Anhieb. Er könne mich sogar nach Hause begleiten, schließlich wohnen wir nur ein paar Schritte vom Kloster entfernt. Er hat alle Zeit der Welt. Die Großmutter stimmt ohne zu zögern zu, sie sieht darin geradezu ein Geschenk des Himmels, und es erfüllt sie mit Stolz, dass sich ein Priester für ein Mitglied der Familie interessiert. Sie sagt also Ja, und die Verabredung steht. »Du klingelst nachher am Klostertor und dann wird man mich rufen«, sagt der Priester zu mir. Eine Vollmacht – und mein Leben gerät aus den Fugen.

Wie verabredet gehe ich zum Kapuzinerkloster und folge minutiös den priesterlichen Anweisungen. Ich kann nur eben gerade noch die Amsel erspähen, da zieht er mich schon in sein Zimmer. Im Befehlston sagt er: »Zieh deine Hose runter!« Dann zieht er ein großes Ding aus seiner Unterhose und zwingt mich, ihm einen zu blasen. Es geht alles sehr schnell, es ist das erste Mal für mich. Etwas ergießt sich aus seinem Ding. Es ist vorbei, er steckt sein Ding wieder ein und serviert mir eine Zitronenlimonade. Wortlos. Schweigend trinke ich die Limonade, sie schmeckt gut. Dann begleitet er mich mit einem breiten Lächeln zur Tür. Beim Abschied erklärt er mir mit leiser Stimme: »Das alles muss unter uns bleiben.« Das Geheimnis ist besiegelt, die Höllenmaschine ist in Gang gesetzt. Es gibt kein Zurück mehr.

Ich stehe auf der Straße, in Scherben. Ich bin neun Jahre alt.

Der Schock hat für mich mit der allerersten Geste begonnen, in dem Moment, als er mich überrascht; ich habe es nicht erwartet, meine Seele ist nicht auf einen solchen Angriff vorbereitet. Ich bin hergekommen, um einen sprechenden Vogel zu sehen. Doch der Kapuzinermönch schiebt plötzlich seine Hand in meine Unterhose und befiehlt mir, sie herunterzuziehen. Ich bin wie versteinert. Alles in mir ist auf einmal blockiert, und alles bleibt blockiert, zwanzig Jahre lang. So als ob mich jeder einzelne Übergriff in diese erste Starre zurückversetzen würde. Ich kann nichts sagen. Ich kann nichts tun.

»Wer wird mir glauben?« Gebetsmühlenartig wiederhole ich immer wieder diesen Satz. Und auf einmal weiß ich, dass etwas entgleist ist. Was ich getan habe, ist schlecht, ich spüre es auf einmal sehr deutlich. Ebenso unmittelbar weiß ich aber auch, dass ich in dem, was da passiert, gefangen bin. Niemals werde ich darüber sprechen können.

Aber noch einmal: Warum nicht darüber sprechen? Dafür muss man wissen, in welchen Verhältnissen ich aufgewachsen bin, wie damals die Gesellschaft tickte. Wir hatten aus Romont flüchten müssen und waren nach Fribourg gezogen. Dort fehlt es uns an allem. Der Glaube ist in dieser Situation ein Trost für meine Großmutter und meine Mutter. Er hilft ihnen, nicht zugrunde zu gehen. In unserer Region sind im Jahr 1968 Kirche und Staat noch eins. Beides ist so miteinander verwoben, dass die Kirche eine zentrale Rolle spielt und über eine große Macht verfügt. Sie passt wunderbar zur herrschenden Mehrheitspartei, der Christlichdemokratischen Volkspartei (CVP). Die Kirche ist auch eng in das Bildungssystem eingebunden, ein Großteil der Lehrer ist religiös. Sie bildet eine moralische Autorität, die über Gut und Böse entscheidet. Sie legt die Normen des Denkens fest.

»Wer wird mir glauben?«

Ich erinnere mich noch daran, wie sehr sich meine Mutter und meine Großmutter gefreut haben, als sie erfuhren, dass ich Messdiener in der Kathedrale sein würde. Stolz pur! Die Kathedrale ist das Haus des Bischofs, und der Bischof ist das Allerhöchste überhaupt. Als Pierre Mamie im Jahr 1968 zum Bischof geweiht wurde, schrieb er mir ein paar Zeilen, um mir für meine Arbeit als Messdiener zu danken. Ein paar schlichte Zeilen nur. Aber es war eine derartig große Ehre, einen Brief vom Bischof zu erhalten, dass ich ihn jahrelang unter meinem Kopfkissen aufbewahrt habe. Für mich, ein Kind von neun Jahren, und für meine Familie gibt es nur Christus, Papst Johannes XXIII., General Guisan und Monsignore Charrière. Es sind die einzigen ernst zu nehmenden moralischen Autoritäten überhaupt. Und daran gibt es nichts zu rütteln.

Meine Großmutter und meine Mutter halten sich strikt an die Kirche und ihre Vorgaben. Ich werde in absoluter Loyalität zu ihren Vertretern erzogen. Es ist mir zwar nicht voll und ganz bewusst, aber ich weiß es dennoch. Alle Kinder spüren, was sie sagen dürfen und worüber man besser schweigt, das muss man nicht erklären. Darüber hinaus schuldet meine Familie der Kirche etwas, denn diverse Priester unterstützen sie finanziell. Dieses Umfeld ist natürlich der ideale Nährboden, um ein Geheimnis zu bewahren.

Für ein Kind wie mich ist es schrecklich, sexuell missbraucht zu werden und ich will, ich muss darüber sprechen. Ich male mir ein ganzes Szenario aus, um es meiner Mutter zu erzählen, aber ich schaffe es nicht. Wenn sie mir ein kleines Zeichen geben würde, könnte ich mich ihr anvertrauen. Aber sie stellt nie Fragen. Ich denke, dass sie sich nicht vorstellen kann, welche *Schweinereien* Pater Joël Allaz jede Woche mit mir anstellt. Er ist Jugendpfarrer für die gesamte französische Schweiz und reist ständig zwischen Sion, Lausanne, Fribourg und Genf hin und her. Außerdem besucht er alle Heime für behinderte Kinder. Er ist Pfarrer für verschiedene religiöse Bewegungen. Dieser Priester ist also nicht nur für eine einzelne Gemeinde verantwortlich. Er schreibt für die erbauliche katholische Zeitschrift *Foyer*, er macht Fotos und entwickelt sie in einer kleinen Dunkelkammer im Kapuzinerkloster in Fribourg. Pater Joël Allaz ist ständig in Bewegung, was ihm zweifelsfrei dabei hilft, diese Untaten zu begehen.

Regelmäßig kommt er zum Essen zu uns nach Hause und er schafft es so sehr schnell, das Vertrauen meiner Familie zu gewinnen. Er kann mich bald besuchen, wann immer er will, wie es ihm eben gerade passt – genießt er doch das Einverständnis meiner Großmutter und meiner Mutter. Aus diesem Grund habe ich lange Zeit gedacht, dass sie mit ihm unter einer Decke steckten. Schließlich gehe ich mit ihrer Zustimmung ins Kapuzinerkloster.

Im Laufe der Monate fängt Pater Allaz an, mich überall mit hinzunehmen. Vier Jahre lang fahre ich jeden Sommer mit ihm ins Ferienlager, und jeden Tag vergewaltigt er mich. Nur zu gut erinnere ich mich an das Ferienlager im Wallis. Von Zeit zu Zeit klopft es an der Zimmertür, die er jedes Mal abschließt. Ich kann es nicht glauben, dass ihm kein Erwachsener auf die Schliche kommt. Ich habe das Gefühl, dass alle Erwachsenen eingeweiht und dass das alles merkwürdige Leute seien.

Die meiste Zeit über flüchte ich mich deshalb in die Kapelle und verstecke mich dort. Ich verschwinde einfach aus dem Blickfeld der Erwachsenen. Manchmal suchen sie nach mir, aber keiner findet mich je an diesem Ort. Schon seltsam, dass kein Priester auf die Idee kommt, die Kapellentür zu öffnen, um nachzusehen, ob da jemand ist. Vielleicht ist es besser, ein missbrauchtes Kind, das im Dunkeln der Kirche leidet, gar nicht erst zu finden. Sie ziehen es vor zu sagen, ich sei ein rebellisches Kind, das immer ins Dorf laufe. Im Morgengrauen stehe ich auf, vor ihm, um zu vermeiden, gleich beim Aufstehen dran glauben zu müssen. Es lebt sich sehr schlecht mit diesem Geheimnis. Es ist die Hölle.

Meine Großmutter stirbt. Pater Allaz missbraucht mich weiterhin, obwohl er weiß, in welcher dramatischen familiären Situation ich mich befinde. Ich denke, dass dieser Umstand seine perverse Natur noch anstachelt. In der Schule spürt meine Lehrerin, dass etwas mit mir nicht stimmt. Ich bin schlecht in der Schule und habe keine Freunde, ich schaffe es nicht, freundschaftliche Bande zu knüpfen. Ich sitze immer allein in meiner Ecke und bin traurig. Ich habe mich verändert. Ich bin depressiv. Ja, auch ein Kind kann depressiv sein. Ich jedenfalls bin es. Meine Lehrerin denkt allerdings, ich würde leiden, weil meine Großmutter gestorben ist und weil meine Mutter diese Krankheit hat. Man schickt mich zu einem Psychiater und ich hoffe, dass jetzt jemand mein Martyrium wahrnimmt. Doch auch der Psychiater kommt nicht hinter mein Geheimnis. Wenn ich heute daran denke, kann ich es kaum glauben, dass er nichts gesehen hat. Ich habe dafür zwei Interpretationen, die mir beide plausibel erscheinen. Die erste ist sehr schlicht: Ich hatte es mit einem schlechten Psychiater zu tun. Die zweite, komplexere, sieht für mich so aus Er hat es zwar gesehen, hielt es aber zu riskant für eine fragile Familie wie die unsere, die Sache anzuzeigen. Diese Version ist zwar schrecklich, aber durchaus denkbar.

Der sexuelle Missbrauch eines Kindes ist das Schlimmste, was es gibt. Denn der Täter ist in den Augen des Kindes fast nie böse. Joël Allaz war genussfreudig und sympathisch. Er aß für vier, erzählte spannende Geschichten und war intelligent. Alle Welt schätzte ihn und er engagierte sich mit Leib und Seele für seine Aufgaben. Tatsächlich führte er ein Doppelleben: ein Leben als Priester und ein Leben als Vergewaltiger. Im ersten Leben begegnete er Menschen, hielt Predigten, moralisierte, sagte, was gut und was schlecht war, und half den Ärmsten. Er war ziemlich verrückt, denn im Grunde er hat nie wirklich versucht, mich zu verstecken. Vielleicht fragten sich die Leute manchmal, was dieser kleine Junge bei ihm machte, aber da ich keine richtige Familie hatte, sagte er, dass er sich ein bisschen um mich kümmere und dass ich unter Angststörungen leide. Er hatte eine Ausbildung in Psychologie erhalten – zumindest behauptete er das –, daher schien seine Hilfe plausibel. Jedenfalls kannte er die Mechanismen des Leidens sehr gut. Er wusste, was ich mochte und was mir fehlte. Und die Liste war lang. Ich liebte Salami, er kaufte mir Salami. Ich sammelte Briefmarken, er besorgte mir Briefmarken. Und jedes Mal, wenn er das Gefühl hatte, ich könnte etwas verraten, zog er das Band zwischen uns nur noch fester. Nach außen hin wirkte tatsächlich alles stimmig. In seinem Leben als Priester beschützte er mich. In seinem Leben als Kinderschänder zerstörte er mich. Sein Schutz hatte seinen Preis. Und dieser Preis hieß Sex, die Perversion von Sex. Ich glaube nicht, dass er darunter litt, pädophil zu sein. Ich hatte nie das Gefühl, dass er sich schlecht fühlte, nachdem er mich missbraucht hatte. Er litt höchstens darunter, dass er mich nicht immer nach Lust und Laune vergewaltigen konnte. Solange ihm Opfer zur Verfügung standen, die ihn nicht anzuzeigen drohten, führte er ein angenehmes Leben.

Er trieb sein Laster so weit, dass er mich mit in die Ferien nahm, zu seinen Eltern in sein Heimatdorf. Er vergewaltigte mich in seinem Elternhaus. Seine Eltern waren brave Leute, die nichts begriffen – zu sehr waren sie in ihrem Stolz gefangen, einen Priester zum Sohn zu haben. Er war das Aushängeschild der Familie, jedenfalls seiner Mutter, das sah man in ihrem Blick. Pater Joël Allaz hatte mir erzählt, dass der Gemeindepfarrer sein Studium finanziert hatte. Vermutlich hatte sein Mentor ihn ebenfalls vergewaltigt. Er sagte nicht »vergewaltigt«. Er sagte »eingewiesen«. Er hat sich nie darüber beschwert, darunter gelitten zu haben. Stattdessen erklärte er mir, dass er mit mir dasselbe mache wie einst sein Pfarrer mit ihm.

Wir schliefen in seinem Elternhaus im selben Zimmer, das heißt im Zimmer seines Bruders, weil dieser zum damaligen Zeitpunkt in der Rekrutenschule war. Der Pater sagte, ich solle mir ein Bett aussuchen. Ich wählte das Bett am Fenster, das keinen Rollladen hatte. So schien mir am Morgen die Sonne ins Gesicht und weckte mich zeitig. Ich konnte das Zimmer vor ihm gegen sechs Uhr morgens verlassen. Sein Bruder hatte mitbekommen, dass er mich vergewaltigte, aber er hat nichts gesagt. An einem Sonntagabend waren wir im Zimmer und Joël Allaz hatte beide Betten zusammengeschoben, um mehr Platz zu haben. Plötzlich klopfte jemand an die verschlossene Tür. Es war sein Bruder. Pater Allaz versteckte mich kurzerhand unter der Decke. Der Bruder trommelte gegen die Tür, weil er hinein wollte. Sein Militärsack war noch im Zimmer und er musste los. Ich hörte ihn brüllen: »Warum schließt du diese Tür ab? Machst du *Schweinereien* mit dem Jungen? Mach auf!« Pater Allaz öffnete die Tür, der Bruder kam herein, nahm den Sack und ging einfach wieder raus, als wäre nichts geschehen.

Im Grunde genommen war Pater Joël Allaz ein vollkommen isolierter Mensch. Er hatte eine gespaltene Persönlichkeit, und ein Teil von ihm war sexsüchtig geworden. Manchmal, wenn er mich vergewaltigte, nannte er mich Claude. Ich habe schon erwähnt, dass er Redakteur einer Zeitschrift namens *Foyers* war. Vor etwas mehr als zwanzig Jahren habe ich mit der Hilfe meines Bruders alle seine Zeitschriften gefunden. Als er erfuhr, dass ich sexuell missbraucht worden war, wollte er mir helfen. Er konnte sich erinnern, mich einmal in dieser Zeitschrift auf einem Foto gesehen zu haben. Eines Tages rief er mich an, er hatte die betreffenden Zeitschriften ausfindig gemacht. Sie waren mit zahlreichen von Pater Joël Allaz gemachten Porträts von Kindern illustriert, von denen er mehrere missbraucht hatte. Ich war natürlich mit von der Partie. Unter den wiedergefundenen Artikeln betrafen zwei mich. Sie waren besonders perfide. Der erste Text, er erschien im November 1968, ist mit »Claude ist ein Geheimnis« betitelt. Darin erzählt er einen Teil meiner Geschichte und berichtet von dem Leid, das er mir zugefügt hat, ohne freilich zu sagen, dass der Schänder er selbst war und der kleine Claude ich. Hier ein Auszug:

»Wir dachten, dass wir Claude gut kannten. (...) Eines Tages dann, nahezu ohne Übergang, sind seine Reaktionen seltsam. Es hat sich etwas verändert.

(...) Er erzählt nicht mehr von seinen Entdeckungen, redet fast gar nicht mehr mit seinen Kameraden, geht Gesprächen aus dem Weg und behält seine Gedanken für sich. Und Claude ist unfähig, auf die Frage, warum er sich so verändert hat, zu antworten. Und wir sind es auch.

(...)

Wir finden heraus, dass Claude ein Geheimnis hat. Dass er eine helle, uns gut bekannte Seite hat, aber auch eine verborgene, mysteriöse, unentdeckte Seite, die uns sprachlos und ratlos macht. Wir sind versucht, aufzugeben, auf der Stelle zu kapitulieren und angesichts des Geheimnisses von Claude zu verzweifeln. Wir müssen es herausfinden ...

(...)

Aber es geht natürlich nicht darum, in seiner Seele herumzustochern und dieses Kind wie eine Laborratte zu sezieren.

(...)

Man muss sich Claude nähern, so wie man sich etwas Großem und Schönem nähert, das sich uns in vielerlei Hinsicht entzieht. Er muss beobachtet werden (...) mit dem Blick der Liebe, der zugleich klar und voller Zärtlichkeit ist.

Wir müssen ihn aufmerksam beobachten. Ein Kind offenbart sich nicht wie ein Erwachsener. Worte liegen ihm nicht. Es drückt sich eher über eine Geste aus, über ein Spiel, eine Haltung, über seinen Körper. Einem Erwachsenen fällt es leicht, seine Gefühle zu verbergen, er beherrscht seine

Nervosität oder seinen Verdruss. Ein Kind niemals. Es explodiert, es stampft mit den Füßen auf, es lacht, es lächelt, es schmiegt sich an. Es versucht gar nicht, sich zu verstellen. Auf diese Weise werden wir auch hinter Claudes Geheimnis kommen.«

Wenn ich heute diesen Text lese, läuft es mir eiskalt den Rücken hinunter. Claude, das bin ich, das Kind, das er vergewaltigt, während er schreibt. Es sind all die anderen Kinder, die er vergewaltigt und schon vergewaltigt hat, und vielleicht ist auch er selbst es, als Kind und Hüter eines schändlichen Geheimnisses. Bestimmt hatte er eine schreckliche Kindheit. Doch er beschloss, in jenem Leben, in das ihn sein Pfarrer laut ihm »einwiesen« hatte und in das er andere »einwies«, zu bleiben. Heute bin ich erwachsen und ich verurteile ihn nicht. Aber ich denke, man kann sich jederzeit entscheiden, aus dem Sumpf herauszusteigen.

In einem anderen Artikel, den er wenige Monate später, im Januar 1969, schreibt und der den Titel »Was ist die Wahrheit?« trägt, heißt es:

»Es ist die Frage, die Pilatus an Jesus stellte (...). Er wusste genau, wie man sie zermalmen, manipulieren musste. Wie kann man die Masse mithilfe kleiner, sorgfältig arrangierter Ereignisse manipulieren, um auf diese Weise die Wahrheit zu verschleiern oder unglaubhaft erscheinen zu lassen und dem Falschen den Anschein von Wahrheit zu geben? (...)

Diejenigen, die sie am meisten einfordern, sind die jungen Menschen. In dieser Hinsicht können sie schrecklich sein. Sie fordern diese Wahrheit, nach der es sie in einer nahezu unerträglichen Weise dürstet, mit fürchterlichem

Nachdruck ein. Wir müssen zugeben, dass sie uns mit dieser Manie, dass alles wahr und authentisch sein muss, zuweilen sehr reizen. Wir sind der Ansicht, sie übertreiben. Wir müssen uns damit abfinden, nicht wahr?

Aber wenn sie recht damit hätten, sich nicht abfinden zu wollen? Wenn dieser Durst nach der Wahrheit und nach Authentizität letztlich eine legitime Art zu leben ist, die wir Erwachsenen nach und nach mithilfe unserer kleinen ›Tricks‹ verloren haben?«

Zur gleichen Zeit, als er diese Zeilen schrieb, holte er regelmäßig sein Ding raus, steckte es mir in den Hintern und ejakulierte. »Wir gehen schnell aufs Klo, alles kommt wieder raus, du hast brav Kacka gemacht, ja, ja, du hast alles weggewischt, fein sauber!« Wenn ich fein sauber war, verließ ich das Kloster und lief auf die Straße. Das war mein Alltag, vier Jahre lang. Ein Alltag, der in den Ferien noch schlimmer wurde.

Pater Joël Allaz hatte keinerlei Schamgefühl, was sein Geschlechtsteil anging. Wenn ich bei ihm war, hatte er einen unglaublichen Sexualtrieb, den er in keiner Weise kontrollierte, und ich hatte nicht den Eindruck, dass das für ihn ein Problem darstellte. Ich habe gesehen, wie er im offen stehenden Badezimmer onanierte, vor meinen Augen. Wenn er sich sein Ding rubbelte, wusste ich, dass er vorn überkippen und mich mitreißen würde. Ich war weich gekocht und konnte nicht entkommen. Manchmal schlug ich ihm vor, einfach nur spazieren zu gehen. Ohne Erfolg. Wenn er mich finden wollte, fand er mich. Es ist schrecklich zu sagen, aber es war zu einer Art Routine geworden. Wie eine Liturgie, es war seine persönliche Messe. Die Inszenierung konnte sehr lange dauern: das Lecken zwischen seinen Pobacken, in seinem Hintern, das Saugen an seinem Ding, das Küssen seiner Lippen! Er konnte sich endlos mit meinem Schwanz befassen. Da ich noch nicht in der Pubertät war, passierte allerdings nicht viel. Er hatte jedoch ein sadistisches Vergnügen daran, das wenige zu sehen.

Mit der Zeit kannte ich das Ritual, es war immer dasselbe, geradezu zwanghaft. Er schloss die Tür ab, zog die Vorhänge zu, schloss die Fensterläden, sodass nur ein winziger Lichtschein hineinfiel. Da ihm Hygiene wichtig war – er wollte sich nicht schmutzig machen –, nahm er ein großes Betttuch und breitete es auf der Matratze aus. Ich musste mich hinlegen und er legte sich auf mich. Jedes Mal. Ich war eingeklemmt. Er liebte es, wenn ich sein Gefangener war. Ich wusste ganz genau, was ich tun musste, wo und wie ich mich positionieren sollte. Er penetrierte mich meistens auf dem Bett oder dem Fußboden, weil er gern festen Grund unter sich spürte. Ich war eingekesselt. Aber ich hatte mir eine Strategie überlegt, um mich zu schützen. Ich stellte mir vor, dass es ein Traum war. Ich war ein Erzengel, der durch das Schlüsselloch entfliehen würde. Ich stelle mir vor, wie ich mich befreite. Doch es half nichts.

Manchmal klopfte ein Pater an der Tür, weil er wusste, was dahinter vor sich ging. Wenn ich aus dem Zimmer kam – nachdem der Pater ejakuliert hatte, schlief er ein und ich schlich mich davon –, traf ich auf dem Gang des Klosters oft einen Bruder, der auf mich zu warten schien. Er sagte zu mir: »Du bist ein armer Junge, du darfst nicht wiederkommen!« Ich weiß nicht, warum er zu mir sagte, dass ich arm sei. Ich dachte, er kennt vielleicht meine familiäre Situation und bezog es aber überhaupt nicht auf die Vergewaltigung. Dieser Mönch war aber auch ein Dreckskerl, vielleicht ein bisschen weniger als der andere, weil er wenigstens versucht hat, den Kreislauf zu stoppen. Eines Tages hämmerte er so sehr an das Fenster, dass eine Scheibe zu Bruch ging. Er schrie Pater Joël Allaz an: »Du bist ein Schwein!« und Pater Joël Allaz entgegnete: »Halt du gefälligst die Schnauze!« Der Bruder hatte auf seine Weise versucht, mich zu retten. Aber er war schwach. Die Macht der Hierarchie war total. Ein Bruder ist eine Art Diener, der sich um die niederen Arbeiten kümmert: Er kocht, macht den Türdienst, er gärtnert und macht sauber. Er hat zwar das feierliche Gelübde abgelegt, übt aber nur praktische Tätigkeiten aus. Der Pater hingegen zelebriert die Messe, nimmt die Beichte ab, besucht die Familien. Pater Joël Allaz war Priester und konnte alle anderen zum Schweigen bringen. In einem abgeschirmten Gemeinschaftsleben ist es sehr schwierig, jemanden anzuzeigen, weil die Repressalien und die Ausgrenzung sofort einsetzen. Pater Joël Allaz war der Stärkere.

Sex ist für einen kleinen Jungen eine extreme Gewalttat. Stellen Sie sich ein Kind vor. Ein unschuldiges kleines Wesen, naiv, leichtgläubig, freundlich, zutraulich. Plötzlich dringt ein Fremder in dieses kleine Porzellangeschäft ein und zertritt alles mit seinen groben Füßen. Warum zerstört er alles? Das Kind begreift es nicht und kann keinen Sinn erkennen in dem, was ihm widerfährt. Du begleitest voller Vorfreude einen freundlichen Priester, der dir seine sprechende Amsel zeigen möchte. Du weißt nicht, dass er all seine Munition geladen hat und innerhalb von Sekunden dein kleines Wesen in die Luft sprengen wird. Du hast keinen Antiterrorplan parat. Du triffst den Sensenmann! Doch wie sollst du, wenn du nach Hause kommst, deiner Familie davon erzählen? Etwa so – »Hallo zusammen, Pater Joël Allaz hat mich eben dazu gezwungen, seinen Pimmel zu lutschen!«? Sex ist die intimste Angelegenheit, die es gibt. Nachdem er mich vergewaltigt hatte, machte er mir Geschenke. Beschenkt man nicht die Menschen, die man liebt? Aber tut man den Menschen, die man liebt, so weh? Worin liegt der Sinn einer solchen Handlung? Manchmal fragte ich mich: »Was machte ich mit diesen Geschenken, wenn ich rede? Muss ich sie zurückgeben?« Ich war seine Beute, ein Gefangener in seinem Netz.

Ich litt fürchterlich, weil ich keinen Ausweg sah. Ich hatte große Angst. Ich sagte mir, dass es schön sein müsste, im Krieg durch eine Kugel in den Kopf zu sterben, es ging ganz schnell. Manche Vergewaltiger drohen dem Kind damit, es zu erwürgen, während sie sich an ihm vergehen. Hatte ich eine Chance, dass das passiert? Er hat mich nie mit dem Gürtel geschlagen, nie verlangt, dass ich sein Sperma schlucke. Ich durfte es immer ins Waschbecken spucken. Er kam mich sogar in der Schule besuchen, die in der Nähe des Kapuzinerklosters lag, in luftiger Höhe. Wenn wir die Straße wieder hinuntergingen, erklärte er mir auf dem Weg, was er tun würde. »Wir werden probieren, den Pipihahn in den Mund zu stecken, um zu schauen, wie das ist ...« Von Sex zu reden war Teil des Spiels, es sollte seine Erregung steigern.

Einmal hat er sich nicht mal die Zeit genommen, mit mir ins Kloster runterzugehen. Er hat mich auf der Schultoilette vergewaltigt. Auf dem Männerklo! Niemand ist reingekommen. Er hatte einen bestialischen Sexualtrieb. Es war schrecklich. Heute wäre es undenkbar, ein Kind regelmäßig so einem Typen zu überlassen, nur weil er es so entscheidet. Sehr schnell würde man ihn verdächtigen. Die Öffentlichkeit und die Lehrer sind weitestgehend sensibilisiert. Damals war das anders.

Der Priester missbrauchte mich nicht nur auf jede nur denkbare Art, er zwang mich auch dazu, für pornografische Fotos zu posieren. Er fotografierte mich nackt, machte Großaufnahmen von meinem Penis, mit seinem Schwanz in meinem Arsch. Die Szenerien variierten. »Nicht mehr bewegen, halt still! Lass das Sperma da! Nicht bewegen!« Klick. Klack. Er hatte eine Dunkelkammer im Kloster, in die er mich mitnahm. Dort machte er seine schweinischen Fotos. Er legte die Fotos in ein Wasserbad, zog sie wieder raus, entwickelte sie, hängte sie auf. Im Dunkeln. Oft machten wir dann alles noch mal, weil er neue Einfälle hatte. Und dann ging es von vorne los. Er war zufrieden, es machte ihm Spaß, das sah man an seinem Gesicht. Er vergewaltigte mich im Dunkeln, am Boden auf mir liegend. Diese Fotos waren schlimmer als alles andere, wie in einem Horrorfilm. Wenn er ejakulierte, hatte ich das Gesicht voller Sperma Klick. Klack. Er wischte mir das Gesicht mit einer Art Handtuch ab. Ich war sein kleines Spielzeug, ein hübscher Junge, total süß.

Als mein Bruder an die *Foyers*-Zeitschrift herankam, war er in Kontakt mit einem Mann, der ebenfalls von Pater Allaz missbraucht worden war, allerdings später. Dieser Mann hatte meinem Bruder erzählt, dass der Pater ihn in ein Landhaus mitnahm. Die Schwestern, die es vermieteten, bestätigten, dass er mehrere Jahre lang mit Jungen hierherkam, die Probleme hatten.

In dem Moment, in dem ein Kind vergewaltigt wird, fügt es sich, um zu leben – oder besser, um zu überleben. Ich habe mich daran gewöhnt, vergewaltigt zu werden, so wie sich ein Hund an seine Hundehütte gewöhnt. Ich habe es nie geleugnet. Mir war bewusst, was mit mir passierte. Meine Familie machte mir oft den Vorwurf, ich würde zu viel reden. Ich redete viel, das stimmt, aber das Entscheidende verschwieg ich. Ich war mir der Tatsache bewusst, dass meine Angehörigen sich in mir täuschten und mich nur schlecht kannten. Eines Tages habe ich mir geschworen, mein Geheimnis niemals zu lüften. Abgesehen von meiner Unfähigkeit, über das, was ich mit Pater Joël Allaz erlebte, zu sprechen, hatte ich bereits eine Missbrauchserfahrung gemacht, deren Enthüllung durch eine Verfahrenseinstellung verhindert wurde.

Ich muss fünf oder sechs Jahre alt gewesen sein, wir wohnten damals noch in Romont. Eines Tages klingelte ein junger Elektriker an der Tür. Er fragte nach den Schlüsseln für den Speicher, um dort Reparaturarbeiten vorzunehmen. Ich stand da mit meinem Bruder, und er lud uns ein, mit ihm nach oben zu kommen. Meine Großmutter ermahnte uns, wir sollten vorsichtig sein auf dem Dachboden, und ließ uns mit nach oben gehen. Und dort missbrauchte er uns. Er hat uns den Penis gelutscht. Ich bin redselig und sehr impulsiv. Ich bin also nach unten gegangen und habe meiner Großmutter erzählt, dass der »Monsieur uns den Pimmel gelutscht und uns dann seinen gezeigt hat und dann ist etwas herausgekommen«. Und mein Bruder sagte, das sei nicht wahr. Doch meine Großmutter glaubte mir, weil sie meinen Bruder nicht leiden konnte, und hat es dann meiner Mutter erzählt. Mein Vater wohnte noch vorübergehend bei uns und ließ die Eltern des jungen Mannes zu uns kommen, um sich zu erklären. Ich habe also meine Geschichte erzählt, und mein Bruder hat das Gegenteil behauptet. Der Vater des jungen Mannes hat daraus geschlossen, dass ich lüge, und ist wieder gegangen. Ich wurde als Lügner abgestempelt und damit war die Sache erledigt. Diese schreckliche Erfahrung hat sich mir tief eingeprägt.

Einen Missbrauch anzuzeigen, bedeutet, eine Höllenmaschine in Bewegung zu setzen, die so fürchterlich ist, dass es möglicherweise manchmal besser scheint, das Geheimnis für sich zu behalten. Die Vergewaltiger sind in den allermeisten Fällen der Familie nahestehende Personen. Die Mehrheit der Fälle von sexuellem Missbrauch findet im familiären Rahmen statt – eine Tatsache, die man nie vergessen sollte. Zu der Zeit, als ich vergewaltigt wurde, sprach kein Mensch von Missbrauch. Es war ein absolutes Tabu-Thema. Heute scheint mir der Umgang mit diesem Wort freier zu sein – was nicht heißt, dass er leichter geworden ist. Ich denke, dass die Lehrer eine wichtige Rolle dabei spielen, derartige Untaten zu erahnen. Denn tatsächlich sind sie die Ersten, die Anzeichen seelischer Nöte bei einem Kind erkennen können, da sie während der Schulzeit mehrere

Stunden in seiner Nähe verbringen. Sie müssen darin ausgebildet werden, verdächtige Anzeichen zu erkennen und dem missbrauchten Kind zuzuhören. Es müssen Strategien entwickelt werden, um eventuellen Verdachtsmomenten nachgehen zu können. In meinem Fall bin ich sicher, dass mehrere Erwachsene Verdacht geschöpft haben. Doch was macht man mit einem Verdacht, wenn man keine Beweise hat? Ich habe mich oft gefragt, ob meine Mutter Zweifel hatte. Wenn sie mich wirklich gefragt hätte, hätte ich ihr geantwortet. Nur: Das Kind muss spüren, dass der Erwachsene, der es befragt, die Wahrheit auch hören will.

Meine Mutter jedoch beachtete die Zeichen nicht, die es ihr ermöglicht hätten, die Wahrheit herauszufinden. Bei uns war es zum Beispiel gang und gäbe, nacheinander zu baden. Meine Mutter sagte oft, dass ich nach Rauch rieche. Aber sie ging der Sache nie auf den Grund. Ich hatte Reste von Sperma auf meinem Körper, meiner Kleidung, in meiner Unterhose. Sie muss doch gewusst haben, wie Sperma aussieht! Einmal war ich der Letzte, der in die Badewanne kam. Sie sah meine Unterhose, in der gelbliche Flecken waren, und fragte, was ich gemacht hätte. Ich sagte, dass ich eingepinkelt hätte, und sie gab sich mit dieser Antwort zufrieden. Während der ganzen Zeit, in der ich missbraucht wurde, konnte ich nicht mehr richtig auf die Toilette gehen. Stundenlang blieb ich auf dem Klo sitzen, ohne Erfolg. Auch diese anormale Situation hätte meine Eltern in Alarmbereitschaft versetzen müssen. Stattdessen absurde Situationen: Einmal ging ich mit meiner Mutter in ein großes Geschäft. Frei heraus sagte sie dann zu mir: »Erinnerst du dich an

Onkel X, zu dem du in den Ferien gefahren bist? Nun, er ist wegen Pädophilie verurteilt worden. Er war im Gefängnis!« Was für eine seltsame Bemerkung. Ich habe nichts darauf erwidert, aber die Neuigkeit machte mich fertig, weil ich mich fragte, warum sie mich zu diesem Typ geschickt hat, wenn sie doch wusste, dass er pädophil ist. Ich fragte mich, seit wann sie es wusste. Vielleicht wollte sie mich dazu bringen, mein Geheimnis zu lüften? Manchmal frage ich mich, wie es möglich sein konnte, dass meine Mutter nichts gesehen hat. Pater Joël Allaz sah verschlagen aus! Sie hat nichts gesehen, sie war richtig froh, mich zu ihm schicken zu dürfen. Sie hatte ihn sogar gefragt, ob er mich in Sexualkunde unterrichten könne! Sie dachte wohl, er könne auf diesem Gebiet die Rolle des Vaters übernehmen. Hätte meine Mutter die Kraft gehabt, anzuhören, was ich durchlebte? Ich glaube, sie hatte mit sich selbst genug zu tun und wäre nicht in der Lage gewesen, eine derartige Sache zu verkraften. Ich bin ihr deshalb nicht böse, weil ich weiß, wie ihr Leben aussah. Sie hat die Schule alarmiert, sie hat zugestimmt, dass ich zu einem Psychiater gehe – das war ihre Art, eine Lösung zu finden. Ich denke, sie hat getan, was sie konnte, um diesen Moment ihres Lebens zu bewältigen.

Pater Joël Allaz sah verschlagen aus, aber: Das Gesicht eines Pädophilen ist oft das Gesicht eines ganz normalen Menschen. Man kann den Pädophilen nicht an irgendeinem äußeren Merkmal erkennen. Er ist meist ein gewöhnlicher Typ, aber sehr clever und ziemlich sensibel, ein Experte in Sachen Manipulation. Ich denke, dass viele Pädophile, die als Kind missbraucht worden sind, sich möglicherweise gar nicht mehr daran erinnern, weil das Trauma so groß ist, dass die Psyche es irgendwo tief im Inneren vergraben hat. Solch ein Pädophiler weiß ganz genau, wie er sich verhalten muss, weil er selbst Opfer seines Vergewaltigers gewesen ist. Er wurde als ganz junger Mensch ausführlich in die Techniken der Manipulation eingeführt, die ein wesentlicher Bestandteil seiner Psyche geworden sind.

Durch die Missbrauchserfahrung in meiner Kindheit habe ich ein großes Talent zur Verführung entwickelt – zum Glück ohne pädophil zu werden. Ich habe das Bedürfnis zu gefallen und tue alles, damit die Menschen, die mich interessieren, nur Augen für mich haben. Ich komme leicht in Kontakt zu Menschen. Ich kann mich im Handumdrehen vollkommen in eine Gruppe integrieren, in der ich niemanden kenne, und teilhaben, als würde ich jeden kennen. Durch diese Sensibilität gelingt es mir, nahezu unfehlbar jeden Menschen zu erkennen, der sexuelle Übergriffe erlebt und niemals darüber gesprochen hat. Warum ist das so? Ich habe festgestellt, dass ausgeglichene Menschen meine direkte Art nicht mögen und lieber auf Abstand gehen. Die fragileren Menschen hingegen fühlen sich geradezu magnetisch angezogen. Es endet immer damit, dass ich meine Geschichte erzähle, die jeden mitreißt, der selbst von einem ähnlichen Problem betroffen ist. Meine Worte schlagen eine Bresche für diese Menschen. Es geschieht oft, dass sie sich dann zum ersten Mal jemandem anvertrauen. Ich glaube, ein missbrauchter Mensch muss darüber sprechen dürfen und als solcher anerkannt werden, wenn er es wünscht, zumindest von jemandem, der Ähnliches erlebt hat. Wenn sich mir jemand anvertraut, rate ich immer dazu, einen guten Psychiater aufzusuchen, um eine Therapie in Angriff zu nehmen. Ich verfüge über ein umfangreiches Netz von Adressen, an die man sich jederzeit wenden kann. Ich gebe auch meine Telefonnummer weiter und antworte immer. Ich kann gar nicht anders. Denn wenn mir niemand zugehört hätte, als ich darüber gesprochen habe, wäre ich jetzt tot.

Ein anderes Merkmal aus meiner Sicht: Meistens plant der Pädophile seine Übergriffe. Er befragt sein Opfer, hört ihm zu, umschmeichelt es und kümmert sich. Er warnt es ohne Umschweife und zwingt es zu schweigen, wobei er damit droht, der Familie des Opfers Schaden zuzufügen. Man muss den Opfern klarmachen, dass der Angreifer ein schwacher Mensch ist. Er greift an, weil er schwach ist. Ich denke, dass mein Angreifer, wenn ich mich geweigert hätte, mit zu ihm zu gehen, nicht weiter insistiert hätte, weil er Angst gehabt hätte, dass ich ihn anzeige. Aber seine Macht war so groß, dass er es schaffte, mich glauben zu lassen, dass er sich sicher fühlte, und das schürte meine Angst und brachte mich zum Schweigen.

Ich habe mich oft gefragt, warum Pater Joël Allaz gerade mich ausgesucht hat. Warum mich? Nachdem ich lange über diese Frage nachgedacht habe, bin ich zu dem Schluss gekommen, dass es mehrere Gründe gab. Ich weiß, wer ich zum Zeitpunkt des Missbrauchs war: Ich war ein kränkliches Kind, das Hilfe brauchte. Ich war psychisch fragil, und das verlieh mir in gewisser Weise etwas Feminines. Pater Joël Allaz suchte nach einem passiven Opfer. Für einen Jungen bedeutet feminin zart, schwach, hübsch, sympathisch, umgänglich. Ich besaß alle diese Eigenschaften, außerdem war ich höflich und freundlich. Ich hatte etwas Zartes an mir, sodass man mich leicht für ein Mädchen hätte halten können. Meine gesamte frühe Kindheit über hat mich meine Mutter wie ein Mädchen angezogen – meine Brüder übrigens auch. Sie ließ uns die Haare ziemlich lang wachsen und band sie dann zusammen. Mein Vater war aus dem Haushalt entfernt worden, und meine Mutter hatte ihre Söhne in Mädchen verwandelt. In meiner Familie war für Männer kein Platz. Ich erinnere mich an eine sehr vielsagende Begebenheit. Wir gingen zu einer allgemeinen Untersuchung zum Arzt. Als dieser die Hoden meines Bruders abtastete, rief er erstaunt: »Aber er hat ja gar keine Eier! Vielleicht wird ja mal ein Mädchen aus ihm!« Und er brach in Gelächter aus über seinen eigenen Scherz. Wenn ich mit meinem Bruder heute über diese Geschichte rede, muss er jedes Mal weinen.

Ein Pädophiler sucht keinen Raufbold, der sich ihm widersetzt. Er liebt es, sein Opfer zu dominieren. Nahezu alle Missbrauchsopfer, die ich kennengelernt habe – und ich hatte wirklich mit vielen zu tun –, stammen aus problematischen Familien. In erster Linie aus sozial schwachen Haushalten. Pater Joël Allaz gab viel Geld aus, vor allem für die Jugendlager, zu denen er mich mitnahm. Es gab nie irgendeine Rechnung, und das bedeutet, so schlecht, wie es uns damals ging, dass meine Mutter wenigstens ein Maul weniger stopfen musste. Auf der emotionalen Ebene war es ähnlich. Ich war mehr oder weniger mir selbst überlassen. Es stimmt zwar, dass ich viele fantastische Menschen kennengelernt habe. Dennoch konnten sie nie ganz das Defizit überbrücken, das mein Leben beherrschte. Ich fühlte mich weder wirklich geliebt noch besonders interessant. Deshalb war ich sehr anfällig für das Interesse von einem Erwachsenen. Mit nichts konnte man mich an sich binden. Pater Joël Allaz zeigte ein ungesundes Interesse an mir und kümmerte sich um mich. Er nahm mich überall mit hin und bedachte mich mit Aufmerksamkeiten. Ich war seine Nummer eins. Ich war der Beste und das zeigte er auch allen.

Ich spürte, dass es auch etwas Positives für meine Familie mit sich brachte, die sich geehrt und geschmeichelt fühlte, weil sie von einer allseits respektierten und bewunderten Persönlichkeit auserwählt worden war. Von einem Mann der Kirche anerkannt zu werden, war eine Art Aufstieg. Ich denke daher, dass nicht alle Kinder potenzielle Opfer sind. Der Vergewaltiger war oft selbst Opfer eines Missbrauchs und hat daher unbewusst die Schwachstellen des fragilen Kindes verinnerlicht. Ich als Missbrauchsopfer erkenne auch ganz instinktiv diese Fragilität bei einem Kind. Ein schwächeres Kind braucht Aufmerksamkeit und sucht nach Anerkennung durch einen Erwachsenen. Es sucht nach Bindung, und für den Erwachsenen ist es ein Leichtes, auf dieses Bedürfnis einzugehen.

Als ich klein war, war mir schon bewusst, dass es mir an emotionaler Bindung fehlte. Ich erinnere mich, dass ich mich schnell und vertrauensselig an jemanden band, ohne groß nachzudenken. In jeder Familie, zu der ich kam, passte ich mich sehr stark an, um das Gefühl zu haben dazuzugehören. Ich wollte jedem ihrer Mitglieder nahe sein. Ich fügte mich vollkommen ein, indem ich das, was von mir erwartet wurde, auf die bestmögliche Weise erfüllte. Ich wollte geliebt werden, beliebt sein. Jedes Mal stand meine Existenz auf dem Spiel. Man sollte mir nichts vorwerfen müssen. Zu diesem Preis war es möglich, Liebe und Anerkennung zu bekommen. Ich hätte alles dafür getan, um ein Lob zu erhalten. Ich versuchte immer, den Leuten Freude zu bereiten. So fiel mir die Schule zwar nicht leicht, aber ich ging immer zur Hausaufgabenstunde; ich erledigte meine Aufgaben so schnell wie möglich und bereitete mich gut vor. Alles war korrekt. Aus diesem Grund verstanden die Leute nicht, warum ich Schwierigkeiten in der Schule hatte. Gefallen und Freude bereiten.

Trotz meiner vielen Fehlschläge hatte ich auch großes Glück. So etwa hatte ich zunächst die Aufnahmeprüfung für die weiterführende Schule verhauen. Meine Mutter teilte dem Direktor der Schule ihre Sorgen mit, und er hörte ihr zu. Ich glaube, er wusste, dass mein Leben nicht einfach war, und lud mich zu einem Gespräch ein. Dann bot er mir an, die Prüfung ohne Stress zu wiederholen, und so wurde ich zum neuen Schuljahr im Herbst an seiner Schule aufgenommen. Er hat sogar vorgeschlagen, dass ich meine Hausaufgaben in seinem Büro mache, sodass er meine Entwicklung besser verfolgen konnte. Als meine Leistungen dann irgendwann akzeptabel waren, suchte er eine pensionierte Lehrerin, die sich von da an um mich kümmerte. Ich spürte, dass sie mich gern hatte. Sie machte fünf Diktate pro Woche mit mir. Sie war es auch, die mir mein erstes Wörterbuch kaufte, das ich noch heute habe: ein fantastisches Buch, gebunden und mit farbigen Abbildungen, in dem ich sehr gern herumblätterte und das ich ganz großartig fand. Auch Schwester

Marie-Hélène aus der Gemeinschaft der heiligen Ursula half mir in der Schule. Sie empfing mich bei sich zu Hause und machte die Hausaufgaben mit mir. Sie unterrichtete an einer normalen Schule und erklärte sich bereit, mich unter ihre Fittiche zu nehmen. Ihr habe ich es zu verdanken, dass ich meine Hausaufgaben tadellos erledigte und sogar Klassensprecher wurde. Ich war so gut, dass die anderen schnell die Hausaufgaben von mir abschrieben. Natürlich fühlte ich mich anerkannt. Marie-Hélène sagte später oft zu mir: »Du bist ein intelligenter Junge! Ich weiß nicht, was mit dir los ist!« Sie hielt mich für einen Faulenzer.

Ich hatte zwar keinen Vater, kann aber nicht sagen, ob mein eigener die Angelegenheit bewältigt hätte. Meine Mutter und meine Großmutter taten, wozu sie imstande waren, mit ihren Mitteln. Ich habe ihnen nichts vorzuwerfen. Es stimmt, dass meine Eltern als Paar nicht funktioniert haben und dass sich mit ihrer Ehescheidung die Vaterfigur in Luft aufgelöst hat und vernichtet wurde. Niemand hat je wieder über meinen Vater gesprochen. Es gab keine Bilder von ihm. Auf dem Hochzeitsfoto hat meine Mutter seinen Kopf herausgeschnitten. Ausgelöscht. Verschwunden. Unmöglich, sich ihn vorzustellen. Eine ungreifbare Gestalt ohne Identität. Ich erinnere mich, dass ich nicht genau wusste, wie er hieß. In der Schulzeit, es muss im ersten Jahr der Grundschule gewesen sein, gab es eine unangenehme Situation. Ich war beim Zahnarzt und sollte die Namen meiner Eltern angeben. Was meinen Vater betraf, wusste ich nicht, was ich sagen sollte und antwortete »Paul, genannt Henri«. Die Sekretärin schrie mich an: »Was soll das heißen, heißt er nun

Henri oder Paul?« Sie sah in der Kartei meiner Geschwister nach: Alle hatten einen anderen Vornamen angegeben. Mein Vater existierte nicht. Ich meinem Kopf konstruierte ich mir das Bild von einem idealen Vater: ein Mann, der dir den Weg zeigt, der dir Sachen erklärt, dir zuhört, wenn etwas schiefläuft. Eine Führungsperson. Die Führungspersonen in meiner Kindheit waren ausnahmslos Frauen. Das war keine gute Rolle für eine Frau. Es war die Rolle des Mannes, und der fehlte.

Alle, die mich kennen, nennen mich »No Limit«. Kein Mann hat mir einen Rahmen gesteckt oder mir gesagt: »Du bist zu weit gegangen.« Das ist eine Sache, das ich nie unter Kontrolle bekommen habe. Sehr lange Zeit war ich nicht in der Lage, »Nein« zu sagen. Das ist im Übrigen die Haupteigenschaft von Missbrauchsopfern. Der Missbrauch, den ich erlebt habe, hat mich innerlich zerstört. Auch heute noch fällt es mir schwer, jemandem etwas abzuschlagen. Ich gebe zwei Beispiele. Ich habe nie eine Kreditkarte bei mir. Wenn ich freien Zugang zu meinem Bankkonto hätte, würde ich allen Bedürftigen dieser Welt Geld geben. Damit würde ich mich selbst und auch meine Familie in Gefahr bringen. Meine Frau hat sehr gut verstanden, wie ich funktioniere, und schützt mich vor mir selbst. Ich bin mir dessen bewusst und froh darüber, dass sie mir diese finanzielle Grenze setzt. Tatsächlich ist es so, dass ich eine Art Anerkennung empfinde, wenn ich etwas schenke. Deshalb habe ich immer einen Schein in der Jackentasche, den ich dem Erstbesten gebe, der mich um etwas bittet. Ich gebe ihm fünf Schweizer Franken, weil ich in einer besseren Lage bin als er. Ich besuche regelmäßig meine Mutter im Heim. Dort treffe ich immer wieder auf einen Mann, der entmündigt ist und wenig Geld zur Verfügung hat. Wenn er mich sieht, tritt er an mich heran und bittet mich höflich um etwas Geld, damit er sich »ein kleines Bier« kaufen könne. Ich gebe ihm jedes Mal zwischen zwei und fünf Schweizer Franken – je nachdem, was ich gerade übrig habe. Und dann bin ich froh und stolz, ihm eine Freude bereiten zu können. Hätte ich selbst den Mut, jemanden, den ich nicht kenne, um Geld zu bitten?

Ein anderes Beispiel, das zeigt, wie schwer es mir fällt, Position zu beziehen: Vor einigen Jahren musste ich mich im Krankenhaus einer medizinischen Untersuchung unterziehen. Der Arzt hört mich ab und sagt, als wenn nichts wäre: »Oh, du hast aber schöne Beine ...!« Dann fängt er an, sie zu streicheln. Ein normaler Mensch würde ihm sofort eine verpassen. Aber nicht ich. Ich war wie versteinert, sprachlos, ganz benommen, ich wusste nicht, was ich sagen sollte. Nur mit einer geradezu übermenschlichen Anstrengung schaffte ich es schließlich, ihn anzuschreien und mich in Ruhe zu lassen. Dann stand ich auf und ging. Der Mann war homosexuell und suchte nach einer schnellen Nummer. Ich war völlig verstört, unfähig so zu reagieren, wie ich hätte reagieren müssen. Diese Geschichte hat mir schwer zu schaffen gemacht. Mir wurde bewusst, dass ich die Opferrolle noch nicht vollständig überwunden hatte und schnell wieder in die Maschinerie hineingeraten konnte, in der ich gefangen war, als Pater Joël Allaz mich missbrauchte. Das erklärt auch, warum einige Betroffene als Erwachsene weiter missbraucht werden. Von außen ist das sehr schwer zu verstehen, aber diesen Mechanismus zu durchbrechen, ist ungeheuer schwer. Dahinter liegt der unbewusste Wunsch nach Anerkennung verborgen, die man, egal zu welchem Preis, anstrebt und für die man nichts abzulehnen wagt. Die Angst vor dem anderen, dem Angreifer, der dich festnagelt, ist immer präsent. Heute bin ich endlich soweit, Nein sagen zu können – nach achtzehn Jahren Therapie. Das »Nein« hat bei mir vor fünf Jahren Einzug gehalten.

Diese Begebenheit, die mir als Erwachsener widerfahren ist, hat mir dabei geholfen, zu verstehen, wie ich als Kind reagiert habe. Wenn ich stark und ausgeglichen gewesen wäre, hätte ich »Nein« gesagt zu einem Typen, der von mir verlangt, dass ich meine Hose runterziehe und seinen Schwanz lutsche. Ich habe nie »Nein« gesagt. Als ich das letzte Mal zum Pater gehe, um ihm anzukündigen, dass ich nicht wiederkomme, mache ich nichts anderes, als auf meine Großtante zu hören. Ich bin passiv. Im Übrigen lässt er es sich nicht nehmen, mich auch dann noch zu vergewaltigen. Außerdem hat er mich bereits darüber informiert, dass ich bald Samenergüsse haben würde und dass ich ihn von diesem Moment an nicht mehr interessieren würde. Dafür nannte er mir den Namen meines künftigen Schänders, eines Priesters, der sich um die pubertierenden Jungen kümmerte. Ich war sein Objekt, und er hatte mich bis zum Anschlag konsumiert.

Dieser »Konsum« hörte erst auf im Jahr 1972. Ich war damals fast dreizehn Jahre alt. Es war, als würde sich ein Grab schließen. Nach einer heutigen Schätzung bin ich etwa zweihundert Mal vergewaltigt worden. Ich war damals in das Heim *La Providence* geschickt worden. Irgendwann, ich weiß nicht mehr genau warum, soll ich eine Zeit lang bei den Schwestern vom Œuvre de Saint-Paul wohnen. Meine Großtante bemerkt daher meine ständigen Treffen mit dem Kapuzinermönch. Ich denke, sie ahnt, dass die Situation unnormal und ungesund ist, und bittet mich in ihr Büro. Sie möchte wissen, was ich so oft bei diesem Pater mache. Ich bin wie gelähmt, bringe kein Wort heraus – und sie begreift. Sie fragt, ob ich weiter hingehen möchte. Ich sage Nein und sie verkündet: »Von heute an gehst du nicht mehr zu ihm! Ist das gut?« Dieses Verbot befreit mich aus der Hölle. Ich laufe zum Pater und sage ihm, dass meine Tante mir verboten hat, ihn weiter zu besuchen. Er vergewaltigt mich ein letztes Mal, dann ist Schluss.

Ich weiß nicht, ob es irgendein offizielles Verfahren gegeben hat. Ich glaube es aber nicht. Aus der Rückschau betrachtet ist mir klar geworden, dass auch meine Großtante letztlich zur Kirche gehalten hat, in dem Sinne, dass sie nie über das sprach, was sie sehr wohl verstanden hatte. Niemals hat sie mich direkt gefragt, ob Joël Allaz mich missbraucht hat. Es ging um das Nicht-Gesagte, das aber jeder verstehen musste. Sie hat nie wieder ein Wort über diesen Moment in meinem Leben verloren. Sie tat, was sie tun musste, damit *es* aufhört, aber sie hat nicht versucht, die Sache anzuzeigen. Ich weiß auch, dass sie meiner Mutter nichts davon erzählt hat, der es zu diesem Zeitpunkt sehr schlecht ging. Vielleicht wollte sie sie vor dem Schlimmsten bewahren. Sie wusste, dass meine Mutter unter Depressionen litt. Vielleicht wollte sie unserer Familie weiteres Leid ersparen. Als meine Mutter sehr viel später davon erfuhr, dass ich sexuell missbraucht worden war, wurde sie jedoch wütend, weil man es ihr verschwiegen hatte. Doch möglicherweise war das besser so. Für mich.

Damals, 1972 und am Ende meines Maryteriums, bleibe ich weiterhin Messdiener in der Kathedrale. Ich beende die Schule, mein Notendurchschnitt steigt. Ich fühle mich besser, aber der Übergang zur Pubertät ist von gravierenden Problemen in Sachen Sexualität geprägt. Die Mädchen machen mir solche Angst, dass ich anfange, in ihrer Gegenwart Panik zu bekommen. Tatsächlich bin ich nicht in Sexualität und Liebe eingeführt worden, sondern in den schrecklichsten Sex, der sich nur denken lässt. Ich habe die widerwärtigsten Dinge erfahren. Wäre ich nicht aus den Krallen des Dämons entkommen, weiß ich nicht, was aus mir geworden wäre. Aber mein Leidensweg hatte ein Ende gefunden, und ich möchte nicht mehr daran denken. Es wäre wohl das Beste gewesen, wenn ich von jenem Moment an psychologisch betreut worden wäre. Doch fürs Erste halte ich meine Türen verschlossen. Die Zeit ist noch nicht gekommen, um die Schmutzwäsche reinzuwaschen.

Von Mönchen gerettet

Im Jahr 1973 bin ich in der Sekundarschule und bekomme ein schicksalhaftes Angebot. Bei der Suche nach einer bezahlten Arbeit für den Sommer höre ich von einem Freund, der jemanden sucht. Er ist für die Ferien als Küchenjunge im Kloster von Einsiedeln im Kanton Schwyz angestellt und sucht aufgrund eines Zwischenfalls einen Ersatz. Die Mönche brauchen eine Küchenhilfe für die Zubereitung des Gemüses und zum Geschirrspülen. Die Arbeit wird ordentlich bezahlt, die Atmosphäre ist angenehm. Ein Glücksfall. Ich akzeptiere dieses verlockende Angebot, ohne weiter nachzudenken. »Du kannst dem Pater sagen, dass ich weg bin!«

Wenn ich heute daran denke, finde ich die Geschichte unglaublich. Ich bin vierzehn Jahre alt und stehe auf dem Bahnhof von Fribourg. Das erste Mal in meinem Leben verlasse ich allein meinen Wohnort und ich weiß nicht, wohin die Reise geht. Wo komme ich überall lang auf dem Weg nach Einsiedeln? Das liegt doch am anderen Ende der Welt. Es gibt fast überhaupt keine durchgehende Verbindung, mehrmals muss ich umsteigen. Wir haben Anfang Juli. Es regnet ziemlich stark, draußen sieht es eher traurig aus. In Einsiedeln verschlechtert sich das Wetter noch mehr. Zum Regen kommt ein dichter Nebel hinzu, der typisch ist für die Bergregion. Ich steige aus dem Zug und mir wird auf einmal bewusst, dass ich gar keine Adresse habe. Ich habe vergessen, danach zu fragen. Ich trete aus dem Bahnhof, laufe bis zum Hauptplatz und sehe vor mir ein riesiges Gebäude. So etwas Großes habe ich noch nie gesehen. Ich sage mir, dass es das vielleicht ist. Ich muss nur eine Tür finden, an der ich klingeln kann. Ich stelle fest, dass alle Hinweisschilder auf Deutsch geschrieben sind. Daran hatte ich gar nicht gedacht. . Ich gehe um das Gebäude herum und klingle. Ein alter Mann öffnet mir die Tür und ich frage ihn stammelnd in rudimentärem Deutsch: »Pater Wolfgang da?« Er versteht, und ich höre ihn antworten: »Ja, ja, komm nur!« Ich trete ein. Einen Augenblick später höre ich, wie jemand die Treppe herunterrennt. Dann steht plötzlich Pater Wolfgang vor mir. Er ist verantwortlich für die Gäste. Erstaunt sieht er mich an. Meine Größe beeindruckt ihn. Mit starkem deutschen Akzent sagt er auf Französisch: »Du bist aber groß!« Das stimmt. Ich bin zwar erst vierzehn, aber schon ein Meter zweiundneunzig groß. Im Krankenhaus, wo ich eine Meningitis ausheilen musste, bin ich auf einmal in die Höhe geschossen. Ich bin groß und dünn wie eine Bohnenstange. »Bist du ein zuverlässiger Bengel?«, fragt der Mönch. Ich stimme ohne zu zögern zu, obwohl ich etwas eingeschüchtert bin. Zuverlässig bin ich gewiss, und bestimmt mehr als die meisten Jungen in meinem Alter. »Aus was für einer Familie kommst du?« In ein paar Sätzen erzähle ich meine Geschichte. »Ich komme aus einer armen Familie. Mein Vater ist vor langer Zeit fortgegangen, meine Mutter kümmert sich allein um uns, aber sie ist ziemlich krank.« Dann erklärt der Pater: »Du bist gut geeignet und auch groß genug für die Arbeit. Du wirst Pförtner.« Ich soll also nicht in die Küche. Im Grunde reizt mich die Funktion des Pförtners sehr, weil ich gern von Leuten umgeben bin und mit aller Welt rede. Die Arbeit ist sehr einfach: Ich muss die Tür aufmachen, wenn jemand klingelt, ihn hineinbitten und warten lassen. Der Pater gibt mir einen riesigen Schlüsselbund, wie man ihn aus den Filmen kennt, die im Mittelalter spielen. Ich fange sofort mit der Arbeit an.

An diesem Tag betrete ich eine neue Welt. Alles ist groß, die Treppen sind monumental, überall stehen Statuen, in den Korridoren hängen riesige Gemälde, ich habe das Gefühl, in einem Schloss zu sein. Im Laufe der Zeit erfahre ich, dass es eine Benediktinerabtei ist, die auf eine mehr als tausendjährige Geschichte zurückblickt. Einsiedeln ist ein bedeutender Wallfahrtsort, eine Etappe auf dem Jakobsweg, der nach Santiago de Compostela führt und der die Schweiz von Rorschach nach Genf durchquert. Die schwarze Madonna von Einsiedeln ist ein Anziehungspunkt für Pilger aus aller Welt. Das Klostergebäude ist ein großartiges barockes Bauwerk mit wunderschönen Sälen. Der Fürstensaal, der Empfangssaal, der ursprünglich für den Fürstabt errichtet wurde, ist besonders beeindruckend. Die Abtei ist berühmt für das Wissen und die Frömmigkeit ihrer Mönche. Viele von ihnen lieben Kunst, Musik und Bücher. Ich, ein junger Mensch, betrete nun dieses unglaubliche Universum. Ich bin in der Zelle des Pförtners untergebracht, einem sehr schönen Zimmer mit Waschbecken. Die Toiletten sind auf dem Flur. Doch da ich alle Schlüssel habe, werde ich das Kloster von vorn bis hinten erforschen. Ich kenne Einsiedeln in und auswendig, bis in den kleinsten Winkel.

Die Mönche nehmen mich wie einen der ihren auf.

Abends essen wir gemeinsam im Refektorium. Man muss sich das Bild vorstellen: Ich, ein junger Mann, sitze allein an einer riesigen Tafel, umgeben von Mönchen, deren Durchschnittsalter ziemlich hoch ist. Unter ihnen befinden sich auch der Küster und der Buchbinder. Sie stammen allesamt aus der Deutschschweiz und reden in einem für mich vollkommen unverständlichen Dialekt. In der Schule habe ich kein Wort Deutsch gelernt. Für mich ist es das reinste Kauderwelsch. Es fällt kein Wort Französisch. Dennoch habe ich nicht in Erinnerung, dass mich diese Verständnisschwierigkeit irgendwie gestört hätte. Neugierig beobachte ich das Geschehen und bin überglücklich, so schnell aufgenommen worden zu sein.

Damals gab es zwei Refektorien: eins für die Brüder und eins für die Patres. Tatsächlich wollte der Abt, dass alle Mönche im selben Saal essen, das heißt einhunderteinundsechzig Mönche. Nur waren die alten Brüder nicht einverstanden, da für beide Gruppen unterschiedliche Regeln galten. Die Brüder sind Handwerker und arbeiten mit ihren Händen. Eine ihrer Hauptaufgaben besteht in der Pflege der Pferde, denn das Kloster verfügt über ein großartiges Gestüt. Einige arbeiten als Gärtner oder machen Reparaturarbeiten im Kloster. Diese Mönche haben das Recht, bei Tisch zu sprechen und möchten diese alte Gewohnheit auch nicht ablegen. Die Patres hingegen sind Intellektuelle. Zu Tisch hören sie dem zu, was vorgelesen wird, und schweigen. Als ich im Kloster ankam, wurden die Texte noch in Latein verlesen, später dann auf Deutsch. Da ich sehr jung bin, beschließt der Abt, mich im Refektorium der Patres unterzubringen.

Während des ersten Abends, den ich in Einsiedeln verbringe, passiert mir etwas Unglaubliches. Wir haben gerade angefangen zu essen, da höre ich jemanden klingeln. Es ist etwas nach 18 Uhr und das Kloster ist geschlossen. Ich bin jedoch der neue Pförtner und habe schon gute Reflexe. Ich stehe vom Tisch auf, das ist meine Pflicht. Ich öffne die Tür. »Guten Tag, es ist geschlossen.« Der Mann, der vor mir steht, entgegnet lachend: »Du sprichst doch Französisch!« Es entspinnt sich ein kleines Gespräch. »Ja, ich bin der neue Pförtner, ich bin heute angekommen, vor ein paar Stunden.« Er fragt mich höflich nach meiner Familie und meinem Leben und dann erklärt er mir den Grund seines Besuchs. »Ich muss etwas im Fürstensaal nachsehen. Aber da gerade Essenszeit ist, kann ich auch später wiederkommen.« Ich finde es irgendwie seltsam, ihn noch einmal fortzuschicken, und schlage ihm vor, hineinzukommen. Er scheint den Ort gut zu kennen. Ohne zu zögern, geht der Mann in den Raum, der ihn interessiert. Ich warte. Einen Moment später kommt er aus dem Saal und steckt mir beim Hinausgehen einen Fünfhundert-Franken-Schein zu. Eine astronomische Summe! Ich sehe so einen Schein zum ersten Mal im Leben. Erst will ich ablehnen, aber er verneint. »Der Schein ist für dich. Und kommenden Samstag wenn ich wiederkomme, bekommst du eine Mahlzeit im Pfauen, dem Restaurant an der Ecke, weil du so nett warst, mich hereinzulassen.« Ich traue mich, ihn zu fragen, wo er arbeitet. »Bei Migros.« Dann verlässt er das Kloster.

Am nächsten Tag ist strahlend schönes Wetter. Ich gehe auf eine Erkundungstour durch die Stadt inmitten einer wunderschönen Landschaft – dem See mit dem unglaublichen Blau und den majestätischen Bergen ringsum. Ich befinde mich im Herzen der Zentralschweiz und ich muss sagen: Die Umgebung gefällt mir. Sobald ich zurück im Kloster bin, mache ich mich auf die Suche nach Pater Wolfgang, um ihm von meinem Erlebnis am ersten Abend zu berichten. Zu meiner großen Überraschung ist der Pater sehr aufgebracht und verabschiedet sich mit den Worten: ›Du nimmst den nächsten Zug und kehrst nach Hause zurück!‹ Ich verstehe gar nichts. »Aber Pater, ich habe um nichts gebeten. Ich habe die Tür geöffnet, da war ein Mann, der Französisch sprach. Ich habe ihn in den Fürstensaal begleitet. Als er wieder ging, hat er mit fünfhundert Franken gegeben. Ich zeige sie Ihnen, weil ich sie nicht behalten möchte. Er hat mir gesagt, dass er kommenden Samstag wiederkommt.« Der Pater beruhigt sich und willigt ein, abzuwarten. Das Wochenende kommt und wie verabredet klingelt der Mann erneut an der Tür. Ich bin ganz verlegen und erkläre ihm, was mir passiert ist. Lautstark meint er: »Warum hast du ihm denn von dem Geld erzählt? Das war für dich!« – »Weil ich ehrlich sein wollte!« Das verstand er. »Hol den Pater!« Ich rufe den Pater, der im Laufschritt herbeieilt. Er ist ein sportlicher Mann um die fünfzig und nimmt beim Hinuntergehen immer zwei Treppenstufen auf einmal. Dabei hält er seinen Wollumhang mit einer Hand fest, damit er sich nicht verheddert. Am Treppenabsatz bleibt er ruckartig stehen. Ich sehe an seinem Blick, dass er verdutzt ist. Er weiß nicht, was er sagen soll. Der Herr, das ist Pierre Arnold, der Chef von Migros, einem der größten Schweizer Unternehmen überhaupt. Und da er gerade einen beachtlichen Geldbetrag zur Restaurierung des Fürstensaals gespendet hat, wollte er nun ein Buch schreiben und zu diesem Zweck ein lateinisches Zitat heraussuchen, das sich an der Saalmauer befindet. Die beiden Männer beginnen ein langes Gespräch in Schweizerdeutsch, von dem ich kein Wort verstehe. Aber alles ist geregelt und ich gehe mit Monsieur Arnold ins Restaurant essen. Als ich zurück bin, wirft mir Pater Wolfgang vor, ihm nicht den Namen des bedeutenden Mannes genannt zu haben. Aber ich wusste nicht, wer er war! Kurz und gut, der Pater beschließt, das Geld für mich auf einem Konto zu deponieren. In den fünf Jahren, die ich immer wieder nach Einsiedeln kam, sah ich Monsieur Arnold regelmäßig wieder. Er gehört zu den wichtigen Begegnungen in meinem Leben. Ich verdanke ihm viel. So zum Beispiel hat er mir immer wieder gezeigt, was es wirklich heißt, freundlich und hilfsbereit gegenüber bedürftigen Menschen zu sein. Ich sog seine Worte förmlich auf. Oft gingen wir am See spazieren und er erzählte mir tausend Dinge über das Leben. Ich schätzte seine Gegenwart wirklich sehr. Einmal habe ich eine Verabredung vergessen. Als ich ihn dann wiedersah, geriet er nicht aus der Fassung, sagte mir aber sehr deutlich: »Merk dir eines, Daniel: Ein guter Mann ist immer zuverlässig.« Dieser Satz hat sich mir eingeprägt, und seither bin ich immer pünktlich. Wenn etwas dazwischenkommt, rufe ich immer an und sage Bescheid.

Dieser Mann war mein erstes Vorbild. Ich hatte Respekt vor ihm und vertraute ihm. Ich sehe ihn noch vor mir, wie er mir geduldig etwas erklärt: »Wenn du ein Projekt umsetzen willst, musst du dich vorher immer absichern, dass du auch das nötige Geld dafür hast. Wenn das nicht der Fall ist, machst du es nicht. Du bringst das nötige Geld auf und dann stellst du ein Team zusammen.« Ich habe auf alle seine Ratschläge gehört, nur auf diesen einen nicht ... Auch er bat mich eines Tages um Rat, was mich sehr stolz machte. Er hatte gravierende Probleme mit den Bauern, glaube ich, weil sie nicht einverstanden waren mit der Handelspolitik. Ihre Reaktionen waren ziemlich brutal, sie hatten sogar einen Plastikbombe-Anschlag auf sein Haus verübt. Ich spürte, dass sich Monsieur Arnold ernsthafte Sorgen machte. Auf einem Spaziergang fragte er mich plötzlich: »Wenn du dich irgendwann verstecken müsstest, wo würdest du hingehen?« Spontan erwiderte ich: »Zur Kartause La Valsainte.« Und genau das tat er. Er zog sich in die Stille des Klosters im Kanton Fribourg in Greyerz zurück. Ich glaube, er hat einen Teil der Restaurierungsarbeiten in der Kirche finanziert. Dieser Austausch hat mich sehr berührt. Ich war ein Nichts im Vergleich zu ihm, aber er schenkte mir Beachtung. In gewisser Weise zeigte er mir, dass meine Meinung von Bedeutung war, er brachte mir Wertschätzung entgegen.

Das war Monsieur Arnold.

Die ersten Sommerferien, die ich in Einsiedeln verbringe, sind für mich der Beginn eines neuen Lebens. Da ich zur Schule gehen muss, komme ich in den freien Tagen her, also zu Weihnachten, während des Karnevals und zu Ostern. Als ich meinen Schulabschluss in der Tasche habe, muss ich mich um eine Ausbildung kümmern. Ich interessiere mich sehr für den Beruf des Krankenpflegers, daher schreibe ich mich an einer Schule für medizinische Hilfsberufe ein. Es ist mir gar nicht bewusst, dass dieser Beruf vorrangig von Frauen ausgeübt wird. An meinem ersten Tag in der Klasse stelle ich erstaunt fest, dass ich er einzige Junge bin! Es ist ein Schock. Ein totaler Schock. Ich fühle mich unwohl in meinem Körper und habe Angst. Eine geradezu körperliche Angst erfasst mich. Es versteht sich von selbst, dass ich keinerlei Zusammenhang zu meinen Erlebnissen erkenne. Ich verstehe nicht, warum mich die Anwesenheit der Mädchen in eine solche Panik versetzt und so quält. Darüber hinaus hält es die Direktorin für angemessen, mich in ihr Büro zu zitieren und ein paar deutliche Worte mit mir zu reden. Sie tut so, als hätte ich mich bereits an einem Mädchen vergangen: »Daniel, uns ist allen klar: Du wirst sehr vorsichtig sein. Ich will keine *Schweinereien* in meiner Schule!« Als ich aus dem Büro komme, fühle ich mich elender als je zuvor. Ich mag diese Atmosphäre nicht. Ich weiß jetzt schon, dass ich es nicht aushalten werde. Ich muss weg. Ich beschließe, die Schule sein zu lassen, und flüchte mich nach Einsiedeln. Es ist Sommer 1976.

Pater Wolfgang versteht meine Verzweiflung und nimmt mich auf. Von diesem Moment an ist er wie ein Vater für mich, der mich immer beschützen wird. Doch was soll ich in dem Kloster anfangen? Er schlägt mir vor, wieder als Pförtner zu arbeiten und noch dazu die Funktion des Küsters zu übernehmen. Als ehemaliger Messdiener bin ich in meinem Element. Ich kenne alle Handgriffe dieser Tätigkeit und fühle mich rundum wohl. Pater Wolfgang meint, dass ich die Kutte tragen soll, um mich besser in die Gemeinschaft zu integrieren. Ich schlafe in einer Zelle auf der Etage der Brüder, unter dem Dach des Klosters. Diese Zeit gehört zu den schönsten in meinem Leben. Die Novizen waren sehr sympathisch und angenehm, wir formten ein herrliches Team von Kameraden. Sie kamen von überall her, waren unterschiedlich alt, aber alle brannten wir für das Klosterleben. Und auch wenn die anderen ein beachtliches intellektuelles Rüstzeug mitbrachten, fühlte ich mich wohl in ihrer Gegenwart. Ich war glücklich. In dieser Zeit habe ich viel gelernt.

Pater Wolfgang akzeptiert mich, stellt aber eine Bedingung: Ich soll mich bilden. Er fordert, dass ich Kurse am Gymnasium besuche. Sämtliche Patres unterrichten dort, und viele ihrer Stunden werde ich auch besuchen. Ich bekomme also eine Ausbildung, die ganz auf mich zugeschnitten ist. So habe ich nicht den gleichen Stundenplan wie die Schüler, die regulär auf das Gymnasium gehen. Sie alle kommen aus gebildeten Familien und haben schon einen gewissen Bildungsgrad erworben. Der Pater wünscht, dass ich mich so gut wie möglich an ihr Niveau anpasse, deshalb soll ich mich so organisieren, wie es mir richtig scheint. Ich mag diese Art zu arbeiten, weil ich auf diese Weise Fähigkeiten entwickeln kann, dir mir liegen. Ich lerne also Schreibmaschineschreiben und werde innerhalb kurzer Zeit eine richtig gute Schreibkraft.

Das Kloster ist meine Familie geworden und mein Leben spielt sich hier ab. Da ich mich spiritueller Lektüre widme, die Schriften der Heiligen studiere, bin ich ein wenig zu einem Mystiker geworden, ich lebe außerhalb der Realität und bin etwas abgedreht. Es ist ein künstliches Leben, aber das ist mir nicht bewusst. Ich bin einfach froh, dass ich untergebracht bin. Zu dieser Zeit ist meine Mutter immer noch nicht stabil, muss aber nicht mehr im Krankenhaus sein. Ich möchte mich aber nicht mehr dem Druck aussetzen, den ich von daheim kenne, weshalb ich mehrere Monate lang nicht nach Fribourg komme. Trotzdem stehe ich in regelmäßigem Kontakt zu ihr. Wir schreiben uns sehr häufig und, ja, sie unterstützt mich auch auf meinem Weg. Aber sie spürt, dass ich mich nicht wohl in meiner Haut fühle, und rät mir, an Marthe Robin zu schreiben, die sie sehr bewundert. Ich folge ihrem Rat. Pater Finet schickt mir eine kurze Antwort: »Marthe Robin betet für Sie und gibt Ihnen den Rat, sich einen geistlichen Führer zu suchen.« Ich folge dieser Empfehlung und suche Rat bei einem Kanoniker. Die vielen Gespräche, die wir führen und später geführt haben, sind überaus fruchtbar. In diesem Zusammenhang kommen mir erste Zweifel an meiner Berufung zu einem Leben als Mönch. Ich hatte überlegt, auf Mission nach Afrika zu gehen. Ich treffe zu diesem Zweck Monsignore Eugène Maillat, einen Missionsbischof. Doch er spürt, dass dieser Weg nicht der richtige für mich ist, und empfiehlt mir, Missionar in der Schweiz zu werden. Vielleicht blieb mir sein Rat deshalb so im Gedächtnis, weil er zwei Tage später starb. Ich nehme seine Worte jedenfalls als ein Zeichen. Noch zweifele ich nicht daran. Doch es sollten noch mehrere prägende Begegnungen in Einsiedeln stattfinden, unter anderem auch folgende.

Eines Abends klingelt es an der Tür, ich bin auf meinem Posten als Portier. Zwei elegante und ganz in schwarz gekleidete Damen wünschen den Abt zu sehen. Höflich erkläre ich, dass der »Vater Abt niemanden vor dem *Salve Regina* empfängt« und bitte sie, etwas später wiederzukommen. Dann schließe ich die Tür. Das *Salve Regina* wird nach der Vesper in der Gnadenkapelle gesungen. Einen Moment später kommt der Abt und fragt mich beunruhigt, ob nicht zwei Damen hier gewesen seien. »Ja, ja, ich habe sie wieder weggeschickt.« Seinem Gesichtsausdruck nach habe ich eine große Dummheit begangen. Die wichtigere von beiden war die Kaiserin Zita, Königin von Ungarn und Böhmen! Nachdem ihr Mann nach dem Ersten Weltkrieg abgedankt hatte, fand sie in mehreren Ländern Exil. Zu der Zeit, als ich ihr begegnet bin, lebte sie im Schweizer Kanton Graubünden, wo sie ein vom Bischof von Chur verwaltetes Anwesen bewohnte. Kaiserin Zita war eine zutiefst gläubige Frau, eine praktizierende Katholikin, die vor allem dem Benediktinerorden nahestand, dem sie als Laienschwester angehörte. Gern besuchte sie die Mönche in Einsiedeln. Als sie nun einen Moment später noch einmal zum Kloster kommt, stammle ich unentwegt Entschuldigungen. Ich bräuchte noch etwas Zeit, um alle Personen kennenzulernen, die sich im Kloster vorstellen und diejenigen, die man hineinlassen darf, von denen zu unterscheiden, die man warten lassen kann ...

1979 werde ich zur Armee einberufen. Ich bin im einzugsfähigen Alter. Ich muss nach Fribourg zurück und mich den verschiedensten Tests unterziehen, bei denen sich herausstellen soll, für welchen Bereich ich tauglich bin. Doch die physischen ebenso wie die psychischen Untersuchungen fallen negativ aus. Die schlechte Nachricht lautet: Die

Armee will mich nicht haben, ich bin zu schwächlich. Allerdings muss ich den Wehrdienst absolvieren, um ins Kloster aufgenommen zu werden. Das ist eine notwendige Voraussetzung. Nach einer heftigen Diskussion fällt die Entscheidung, mich in einen risikoarmen Bereich aufzunehmen: den der Sanitätssoldaten. Doch auch das ist zu viel für mich, ich schaffe es nicht. Daher komme ich zur Ausbildung in die Amtsstube. Als ich nach vier Monaten Armee ins Kloster zurückkomme, bitte ich darum, als Novize aufgenommen zu werden. Mein Ansinnen wird akzeptiert. Ich bin neunzehn Jahre alt und der Jüngste im ganzen Kloster. Die Mönche akzeptieren mich nicht zuletzt auch deshalb, weil sie mich gut kennen. Denn normalerweise ist es unmöglich, ohne entsprechende Ausbildung in einen Orden einzutreten. Da ich nicht Priester werden möchte, schlägt der Abt vor, dass ich Bruder werden könnte. Ich bin sehr froh über diese Entscheidung. Der Klosterbruder legt ein einfaches Gelübde ab und beteiligt sich an den allgemeinen Arbeiten zum Erhalt des Klosters. Der Abt entscheidet über die Anzahl der Priester – also der Patres –, die er braucht, damit das Klosterleben reibungslos funktioniert. Diese Anzahl hängt auch von den intellektuellen Fähigkeiten der Mönche ab. Die Begabtesten betreiben manchmal hochqualifizierte Studien. Der Abt möchte wissen, in welchem Bereich ich gerne tätig wäre. Ohne auch nur einen Augenblick zu zögern, antworte ich: »In der Bibliothek.« Die Klosterbibliothek befindet sich in einem prunkvollen, goldverzierten Saal, in dem mehr als zweihunderttausend Bücher aufbewahrt werden, deren älteste auf das neunte Jahrhundert zurückgehen. Sie ist ein Juwel barocker Kunst. Ich werde die unglaubliche Chance erhalten, einen Teil meiner Zeit hier zu verbringen, während ich den Rest dem Studien der Psalmen und einigen Theologiekursen widmen werde. Das Leben folgt dem langsamen Rhythmus der Klosterroutine, die aus kleinen Dingen besteht: lesen, singen, Karten spielen oder Alphorn blasen. Und natürlich beten. Meine joviale Art kommt gut an. Ich bin der Spaßvogel in der Gemeinschaft und der Sohn aller. Am 8. Dezember 1978 beende ich mein Noviziat und lege mein einfaches Gelübde ab. Ich bemühe mich, am Klosterleben im Geist von Demut, Keuschheit und Armut teilzunehmen. Ich nehme einen anderen Vornamen an: Von nun an heiße ich Vincent. Ich mag den Kontakt mit den Brüdern, die ich wie Familienmitglieder betrachte, so als wären wir zusammen aufgewachsen. Jeder einzelne von ihnen hat mir etwas beigebracht. Ich bin aber auch ein Autodidakt, der aus jeder Lektüre und von jedem Weggefährten etwas mitnimmt. Viel mitnimmt.

Bruder Ephrem zum Beispiel hat mich mit offenen Armen empfangen. Bis heute ist er ein wahrer Freund. Er ist dreiundneunzig Jahre alt und es ist eine einzige Freude, wenn ich ihn besuche. Er bringt mir das Beten bei. »Wir müssen beten, Daniel. Wir beten nicht genug.« Dies war seine größte Sorge. Oder auch Peter aus Sury, ein Mönch, der kaum älter als ich ist, ein ganz außergewöhnlicher Mensch. Mit Geduld, Präzision und Ausdauer hat er sämtliche Bücher in der Bibliothek der Theologiestudenten katalogisiert. Als guter Benediktiner nahm er sich jeden Tag vor, eine bestimmte Anzahl Bücher zu schaffen, selbst dann, wenn er krank war. Und er hat sein Ziel erreicht. Peter brachte mir bei, die Sterne zu beobachten. Er begeisterte sich für die Natur und wusste alles. Er sagte immer: »Sieh nur, sieh gut hin. Wenn du genug Zeit in der Natur verbringst, wird sie dir ihre Geheimnisse preisgeben.«

Ich erinnere mich auch gut an Pater Alphonse, ebenfalls ein außergewöhnlicher Mensch. In der ganzen Zeit, in der ich im Kloster war, hat er mich klassische Musik hören lassen. Immer eine halbe Stunde lang, nicht mehr und nicht weniger. Er gab das Programm vor. Wir hörten ausgewählte Stücke und dann fragte er mich, welche Gefühle sie in mir auslösten. Wenn er sah, dass ich traurig war, wählte er Mozart; wenn er den Eindruck hatte, es gehe mir gut, ließ er mich die Lieder von Schubert hören. Er selbst spielte Geige. Er interessierte sich wirklich für das, was ich tat. Er ließ mich teilnehmen an seinen fundierten Kenntnissen über diverse Themen, über die wir stundenlang diskutieren konnten. Er war ein zutiefst guter Mensch, so intelligent und so bescheiden. Wir verstanden uns gut, ja zwischen uns war eine besondere Verbindung entstanden.

Ich könnte die Liste der Mönche, die mir dabei halfen, erwachsen zu werden, bis ins Unendliche fortsetzen. Sie haben mich unter ihre Fittiche genommen und mir ihre Zeit geschenkt, wenn ich mich einsam fühlte. Ich war ihr Sohn, ich spürte, dass sie mich gern hatten. In Einsiedeln ist mir bewusst geworden, dass ich nach etwas Größerem streben musste, um zu lernen. Das habe ich getan, und diese großen Menschen haben mich dazu inspiriert, mich nach oben zu orientieren.

Ich hatte einen gewissen Frieden gefunden. Im Laufe der Monate jedoch wurde mir klar, dass ich nicht bereit war, mein ganzes Leben im Kloster zu verbringen. Am Sonntag ließen das Schweigen und die Einsamkeit in den Mauern meiner Zelle die Ängste hervorbrechen. Mit den Tagen, die vergingen, haben sie mich eingeholt und mit ihnen die existenziellen Fragen. Ein Jahr Noviziat, ein einfaches Gelübde für drei Jahre: Was sollte ich mit meinem Leben anfangen? Der Abt machte sich Sorgen. Er spürte, dass ich wankte. Im vorangegangenen Sommer hatte ich mich um Kranke gekümmert, und die Idee, Krankenpfleger zu werden, war noch immer präsent. Bei so vielen alten Mönchen wäre ein Mönch mit Krankenpflegerausbildung willkommen gewesen. Ich nahm den Vorschlag an, die Idee gefiel mir. Bevor ich in der Krankenpflegschule in Chur anfing, sollte ich ein Praktikum im Krankenhaus machen. Die verantwortliche Krankenschwester wünschte, dass ich in zivil arbeitete und ein Gehalt erhielt. Als Hilfspfleger wurde ich mit einer ganz neuen Realität konfrontiert. Der Schock war unermesslich. Eine echte Erschütterung! Von meinem friedlichen Kloster, wo es nur Gebete und Schweigen gab, wurde ich in eine Welt des Leidens katapultiert, ich, der unwissend Leidende, seit etlichen Monaten von der Außenwelt abgeschirmt wie in einer schützenden Blase. Jeden Tag, jede Stunde konfrontiert zu werden mit den Schmerzen anderer, das war unerträglich für mich.

In meinem Umfeld werde ich nicht geschont oder abgeschirmt wie im Kloster. Ich bin der Mann für alles, der in ständigem Kontakt zu den Patienten steht. Und ich engagiere mich ohne Unterlass. Ich kümmere mich um die Kranken, ich wasche sie, helfe ihnen aus dem Bett, drehe sie um, helfe ihnen, sich anzuziehen, klebe Pflaster auf, verbinde Wunden, ich rede mit ihnen und höre ihnen zu. Manchmal schweigend. Doch ich fühle ihr Leiden, ihren großen Schmerz. Ich bin wie ein Schwamm, ohne es zu merken. Ihr Leiden beeinflusst meines, das noch im Verborgenen liegt.

Eines Morgens, es war ein ganz normaler Tag, gehe ich in das Zimmer eines Patienten, um ihm die Temperatur zu messen. Als ich ihn berühre, ist es wie ein Schock: Er ist kalt. Eiskalt. Mir ist sofort klar, dass er tot ist. Ich bin nicht vorbereitet auf eine solche Begegnung. Nie hat jemand mit mir über den Tod gesprochen. Es ist sehr früh am Morgen, ich bin ganz allein in diesem Zimmer, alle Welt schläft. Ein Mann ist tot, ein Mann, den ich gut kenne, um den ich mich gekümmert habe. Er ist tot und ich weiß nicht, was ich machen soll. Ich habe eine hirnrissige Idee: Vielleicht muss ich ihn ins Kellergeschoss des Krankenhauses bringen. Ich schiebe das Bett in den Flur, rufe den Fahrstuhl, aber in dem Moment, als ich ihn betrete, erfasst mich große Panik. Mich allein mit ihm einzuschließen, ist für mich unmöglich. Ich schließe die Fahrstuhltür und lasse den Verstorbenen in der Kabine zurück. Dann gehe ich zurück und kümmere mich um die anderen Patienten, die langsam alle aufwachen. Auf der Station herrscht bald helle Aufregung. Ernest ist verschwunden! Alle machen sich Sorgen. Wo ist Ernest? Ich muss gestehen, dass ich ihn im Fahrstuhl zurückgelassen habe. Das ist schändlich. Ich werde zur Rede gestellt. Bekomme eine Standpauke.

Die Tage vergehen weiter, und ich mache meine Arbeit mehr schlecht als recht. Mein Leben nimmt gerade eine andere Wendung, das spüre ich. Während meiner freien Tage bleibe ich in der Abtei, aber ich langweile mich. Was tut ein Mönch, wenn er Urlaub hat? Liest er? Meditiert er schweigend? Er schließt sich ein. Doch seit der Episode im Fahrstuhl ertrage ich es nicht mehr, in geschlossenen Räumen zu sein. Meine Ängste nehmen zu. Es geht mir so schlecht, dass der Abt eine Spezialdiät für mich anordnet. Doch meine Kameraden fangen an, über mich zu reden. Es kann nicht sein, dass ein Mönch nicht die gleichen Regeln befolgt wie alle anderen. Ich fühle mich zunehmend schlecht. Hinzukommt noch ein anderes gewichtiges Problem. Bei meiner Arbeit bin ich zwei Krankenschwestern begegnet, die mir sehr gefallen. Die Tatsache, dass mir diese beiden Frauen den Kopf verdreht haben, verunsichert mich stark. Ich bin ein Mönch, es darf nicht sein. Ich weiß nicht mehr, wo ich stehe. Ich habe fünfundzwanzig Kilo verloren und steuere auf eine handfeste Depression zu. Nur bin ich mir darüber nicht wirklich im Klaren. Und das Drama nimmt seinen Lauf.

Eines Tages herrscht im Krankenhaus großer Aufruhr, ein schwerer Unfall hat sich ereignet. Ein Motorrad ist in eine Felsschlucht gestürzt. Der Rettungswagen muss umgehend zum Ort des Geschehens fahren. Es ist ein Albtraum. Das Motorrad ist senkrecht einen Abgrund hinuntergestürzt. Man muss hinuntersteigen, um die Verletzten zu bergen. Unmöglich. Ich bekomme einen unerträglichen Schwindelanfall, nicht einmal hinuntersehen kann ich. Es wird ein Hubschrauber gerufen, der kurze Zeit später eintrifft. Die Rettungskräfte bergen einen toten Mann und eine schwer verletzte, aber lebende Frau. Es ist wie eine Horrorvision. Der Motorradlenker hat sich in den Bauch des armen Mädchens gebohrt. Sie sieht mich an. Ich bin an ihrer Seite. Ich weiß, dass sie sterben wird. Sie spricht zu mir, sie redet und fragt mich, ob ihr Freund am Leben ist. Dann stirbt sie, neben mir. Und ich sterbe mit ihr. Ich kann nicht in meine Klosterzelle zurück. Ich breche zusammen. Akute Meningitis. Es ist psychosomatisch. Das Trauma sitzt zu tief.

Man bringt mich ins Krankenhaus, wo ich zweieinhalb Monate bleibe. Es ist das zweite Mal, dass ich eine akute Meningitis bekomme. Das erste Mal im Jahr 1971, und jetzt wieder, 1980. Ich bin in tausend Stücke zersprungen. Als ich aus dem Krankenhaus entlassen werde, möchte ich ins Kloster zurück, aber es hat sich eine Lücke aufgetan, eine Art Leere. Ich fange an, handfeste psychische Probleme zu bekommen. Die Ängste nehmen schlagartig zu. Ich habe Angst vor allem, aber vor allem vor der Leere. Ich getrau mich nicht einmal mehr, durch die Flure in den höheren Etagen des Klosters zu gehen. Ich habe Angst, herunterzufallen. Ich trau mich nicht mehr, das *Salve Regina* zu singen. Die Ängste fressen mich auf. Heute würde man wissen, dass ich unter den Folgen eines Traumas leide und die in meiner Kindheit erlebten Schocksituationen neu aufgeflammt sind. Damals wusste man noch nichts von allen diesen Bumerang-Effekten. Der Abt macht sich ernsthafte Sorgen. Er spürt, dass das Problem sehr schwerwiegend ist. Daher fordert er mich auf, erst einmal nach Hause zu fahren, um mich auszuruhen und in eine andere Umgebung zu kommen. Ich kehre also in die französische Schweiz zurück, wo ich in einer der Familien unterkomme, die mich schon als Kind beherbergt hatten. Ich bin ein Zombie. Diese Menschen tun alles, um mir zu helfen. Ein Psychiater nimmt sich meiner an, und sechs Monate später kann ich ins Kloster zurückkehren.

Die Mönche nehmen mich erneut auf. Doch irgendetwas ist endgültig in mir zerbrochen. Ich halte es nicht mehr aus, eingeschlossen zu sein. Ich spüre eine Art Widerstand. Einigen Lesungen kann ich nicht mehr zuhören. Ich schaffe es nicht mehr, in der Gemeinschaft zu essen, ich bekomme unerträgliche Zitteranfälle, die ich nicht kontrollieren kann. Ich muss mich am Tisch festklammern, um nicht loszurennen. Ich kann nicht mehr schlafen. Ich leide Höllenqualen. So kann ich nicht weiterleben. Der Abt schlägt mir vor, ein Jahr Auszeit zu nehmen, um wieder Fuß zu fassen. Ich akzeptiere. Nach dieser Pause geht es mir allerdings noch nicht wieder so gut, dass ich ins Kloster zurückkehren kann. 1981 entbindet man mich von meinem Gelübde. Ich bin kein Mönch mehr, darf aber ins Kloster zurückkehren, wann immer ich möchte. Ich werde immer willkommen sein. Nach der Benediktinerregel hat ein Mönch das Recht, dreimal ins Kloster zu gehen. Diese Entscheidung war sehr schwer für mich zu verkraften, dennoch weiß ich, dass es richtig so war. Ich musste die Nabelschnur, die mich mit Einsiedeln verband, durchtrennen. Sieben Jahre später entschließe ich mich, im Kloster einzukehren, doch noch immer kommt mir das Schweigen unerträglich vor: Es ruft Ängste hervor, die ich nicht beherrsche. Das Schweigen löst in mir einen unerträglichen psychischen Druck aus, so als wäre ich an Bord des Nichts – und das Nichts ist der Tod.

Einsiedeln war für so lange Zeit meine Stütze. Ich bin den Mönchen unendlich dankbar dafür. Sie waren so gut zu mir! Ich bin von einem Priester missbraucht worden und habe das Schlimmste erlebt, und ich wurde von Mönchen gerettet und habe das Schönste erlebt. In der Atmosphäre von Einsiedeln habe ich angefangen, über mich selbst nachzudenken, mit der unaufhörlichen Hilfe der Mönche. Hier habe ich eine Sache gelernt: Man darf eine Erfahrung niemals verallgemeinern. Wenn ich aus dem Kloster komme, trage ich mein ganzes Vertrauen in die Kirche mit mir. Nur weil einige Priester schändliche Taten begangen haben, sind nicht alle verdorben. Meine Erfahrung gibt mir das Recht, das zu sagen.

Ich gründe meine eigene Familie

Nachdem ich das Kloster verlassen habe, wohne ich wieder bei meiner Mutter. Zu diesem Zeitpunkt habe ich noch nie mit jemandem über meinen Missbrauch gesprochen. Seltsame Umstände für einen Anfänger-Single. An der Kantonsbibliothek von Fribourg wird die Stelle eines Bibliothekars ausgeschrieben. Ich bewerbe mich und werde genommen. Warum? Ich erkläre dem Verantwortlichen, dass ich aus dem Kloster komme und psychische Probleme habe. Er entscheidet sich für mich, weil ich ihm von meinen Problemen erzählt habe. Ich denke, dass meine Offenheit meinen künftigen Chef berührt hat. Das hat er mir später dann auch bestätigt. Mein direkter Vorgesetzter heißt Georges, er wird ein lieber Freund für mich. Der Direktor der Kantonsbibliothek von Fribourg, ein sehr gebildeter Mann, empfängt mich mit der guten Nachricht: »Monsieur Pittet, Sie wurden für die Stelle des Assistenten von M. de Reyff ausgewählt. Sie werden erstaunt sein über das geringe Gehalt, aber es ist eine Ehre, in dieser Bibliothek arbeiten zu dürfen. Wir sind eine große Familie, und Sie werden von nun an dazugehören. Wir stehen in erster Linie im Dienst der Professoren und natürlich unserer Leser. Ich zähle auf Sie.«

Als ich mit meiner Arbeit beginne, ist die Zeitschriften-abteilung der reinste Trödelladen. Die Zeitschriften sind überall verstreut, sogar auf dem Boden. Stapelweise liegen die Hefte herum, in zwei Reihen. Man könnte Angst bekommen. Und zwar habe ich gerade zweieinhalb Jahre in der Klosterbibliothek von Einsiedeln verbracht, doch ich muss sagen, dass ich mich sehr schnell in meiner neuen Tätigkeit wohlfühle. Die Atmosphäre ist familiär und sehr entspannt. Jedes besondere Ereignis – Geburtstag, Geburt oder Hochzeit – wird gebührend gefeiert. Ich fühle mich sofort wohl. Ich erinnere mich an lange philosophische und theologische Diskussionen mit einem Rabbiner und zwei überzeugten Katholiken. Das waren avantgardistische Momente der Ökumene. Der Rabbiner erklärte mir: »Letztlich ist es so, Daniel, dass Sie Jesus anerkannt haben und wir nicht, aber alle warten wir auf ihn.« Im Jahr 1993 wird der öffentliche Sektor umstrukturiert und ich arbeite halbtags in der Leihstelle.

Obwohl ich eine Arbeit habe, die mir zusagt, führe ich ein kümmerliches Dasein. Nach fünf Jahren Klosterleben ist mein soziales Umfeld vollkommen zusammengeschrumpft. Deshalb gehe ich oft auf Wanderschaft. Ich brauche den Tapetenwechsel und möchte Leute kennenlernen. Und, endlich: Ich entdecke das Gefühlsleben. Ich verliebe mich in ein Mädchen, getraue mich aber nicht, mich ihr zu offenbaren. Am Ende ergreift sie die Initiative, lässt mich aber dann wieder fallen. Kurze Zeit später lerne ich eine sehr gewitzte Deutsche kennen, mit der ich mein erstes Mal erlebe. Ohne Vorwarnung plumpse ich in den Zaubertrank.

Ich habe noch nie mit einem Mädchen geschlafen, und diese Erfahrung überwältigt mich. Es ist zu viel für mich, ich bin noch zu zerbrechlich und verliere erneut den Boden unter den Füßen.

In meiner Verzweiflung vertraue ich mich Georges an. Und erzähle ihm von den Erlebnissen in meiner Kindheit. Es ist das erste Mal überhaupt, dass ich darüber rede. Ich beschreibe ihm auch den Schock, den ich erlebt habe, als ich mit diesem Mädchen geschlafen habe. Ich weine, er hört zu. Ich bin verzweifelt, möchte sterben. Georges spürt, dass ich es ernst meine, und beschließt, mir zu helfen, wo er nur kann. Ohne seine unverbrüchliche Hilfe wäre ich wohl nicht mehr am Leben. Georges nimmt sich alle Zeit der Welt, um mir zur Seite zu stehen. Zwei Wochen lang kommt er jeden Morgen zu mir nach Hause, um mich zur Arbeit zu bringen. Pünktlich wie die Müllabfuhr. Um 6.30 Uhr klingelt er. Und ich muss in die Bibliothek gehen, weil er da ist. Ohne ihn wäre ich in meiner Wohnung geblieben. Ich habe Angst zu laufen und Angst, die öffentlichen Verkehrsmittel zu benutzen. Ich entwickle alle möglichen körperlichen Gebrechen. Tatsächlich wirken sich alle meine Ängste somatisch aus. Über einen langen Zeitraum hin tritt jedes Jahr zur selben Zeit eine Lungenentzündung auf. Georges empfiehlt mir, einen Psychiater aufzusuchen. Ich folge seinem Rat. Dieser Arzt hört mir zu und nimmt sich Zeit für mich. Er war einer der Ersten, die mir dabei halfen, die verriegelten Türen in meinem Inneren zu öffnen. Einmal sagte er mir etwas sehr Eindrückliches: »Monsieur Pittet, Sie haben eine Depression, eine sehr schwere Depression. Sie sind in einem Tunnel, aber eines Tages werden Sie da wieder herauskommen. Es braucht Zeit und Mut. Sie sind in einen Fluss eingetaucht, ohne recht schwimmen zu können. Am Ufer stehen Menschen, die Sie lieben. Sie haben alles, um Sie am Ufer in Empfang zu nehmen. Sie haben sogar eine Stange, an der Sie sich festklammern können. Aber sie können Sie nicht aus dem Wasser ziehen, Sie müssen ganz allein ans Ufer kommen. Nehmen Sie sich die Zeit, die Sie brauchen, Sie schaffen das.« Er hatte recht. Aber was für ein Kampf war es, den Kopf über Wasser zu halten.

Die Depression ist eine scheußliche Krankheit, die Außenstehende kaum nachvollziehen können. Sie haben immer das Gefühl, es würde reichen, sich einen Ruck zu geben. Sie haben den Eindruck, es sei einfach und man müsse einfach nur reagieren. Ja, aber genau das ist das Problem. Eine Depression verschließt dich in deinem Leben und macht dich bewegungslos. Wenn du eine Depression hast und allein bist, nimmst du dir das Leben. Es muss immer jemand an deiner Seite sein, um dir Stunde um Stunde, Tag um Tag das Minimum an Energie einzuflüstern, die es braucht, um weiterleben zu können. Das hat Georges für mich getan.

Zwischen Georges und mir entsteht eine außergewöhnliche Freundschaft. Wir haben einen Bund geschlossen, der auf dem Gebot basiert, das im Johannesevangelium 15,12–13 steht: »Liebt einander, so wie ich euch geliebt habe. Es gibt keine größere Liebe, als wenn einer sein Leben für seine Freunde hingibt.«

Dieser Bund ist an einige Bedingungen geknüpft, die wir feierlich besiegeln: »Wir versprechen einander, dass, was uns auch immer im Leben widerfahren sollte, unsere Freundschaft keinerlei Schaden nehmen darf und dass unsere brüderliche Nähe durch Freuden, Leiden, Probleme und Sorgen hindurch an jedem Tag unseres Lebens nur noch größer werden soll. Dass uns diese Freundschaft in den glücklichsten und schönsten Momenten Kraft geben möge. Und dass sie in den dunkelsten und schmerzvollsten Stunden, die man erleben kann, noch lebendiger sein mag.«

Georges ist alleinstehend, weil er es so will und weil er glücklich mit dieser Wahl ist. Zwischen uns gab es nie die geringste sexuelle Zweideutigkeit. Ich habe mit ihm eine wahre, totale, symbiotische, ehrliche und unerschütterliche Freundschaft erfahren. Ich brauche Struktur, um nicht zu sterben. Georges hat mir diese Struktur gegeben. Ich war damals fünfunddreißig Jahre alt.

Zu dieser Zeit tritt Valerie in mein Leben. Sie ist Theologiestudentin und sucht regelmäßig die Bibliothek auf. Sie möchte Karmeliterin werden und geht in den Karmel. Am 1. August 1994 kehrt sie jedoch zurück, da ihr Zweifel gekommen sind, ob sie wirklich für das Klosterleben geschaffen ist. Der 1. August ist der Nationalfeiertag der Schweiz. Wir verbringen den Abend zusammen. Ich wage einen Annäherungsversuch, der sie wütend macht. Am Tag danach treffen wir uns erneut, um unsere Beziehung zu klären. Valérie stellt mir eine Frage, eine sehr schlichte Frage, die allerdings die Wirkung eines Elektroschocks auf mich hat: »Was willst du mit deinem Leben anfangen?« Die Frage trifft ins Schwarze. Ich lebe nur so vor mich hin, weiß nicht, welchen Sinn ich meiner Existenz geben soll. Wir befragen uns gegenseitig. Wir befinden uns beide in einer Lebensphase voll Unklarheit und entscheiden uns, den Weg zusammen weiterzugehen, ehrlich und auf spiritueller Ebene miteinander verbunden. Bald sollten wir sehen, was das Leben für uns bereithielt. Wir suchen einen Priester, der uns auf unserem Weg begleiten könnte. Ich wünsche mir keinen Priester, den meine Mutter kennt. Die Beziehung zu meiner Mutter ist schwierig und ziemlich kompliziert. Sie ist manipulativ, mischt sich ein und will mein Leben kontrollieren. Andauernd fragt sie mich, was ich gesagt und getan habe und will ganz genau wissen, wie ich meine freie Zeit verbringe. Ich stehe vollkommen unter ihrem Einfluss. Wir leben wie in einer Symbiose, sie kümmert sich um alles. Wir benutzen nur ein Portemonnaie. Jedes Mal, wenn ich ein Mädchen nach Hause bringe, setzt sie alles daran, sie wegzuekeln. Sie verjagt sie förmlich. Sie ist zum Schlimmsten bereit, um mich als ihren Gefangenen bei sich zu behalten, das musste ich bitter erfahren. So schrieb sie Briefe an meine vier besten Freunde, unter ihnen Georges und den Pater aus Einsiedeln, in denen sie mir vorwirft, sie schlecht zu behandeln. Zum Glück erzählen mir meine Freunde davon. Doch dieses Erlebnis hat mich Kraft gekostet. Und ich muss einsehen, dass meine Mutter ernsthafte psychische Probleme hat.

Gleichwohl ist es an der Zeit, sie davon in Kenntnis zu setzen, dass ich mit Valerie fortgehen werde. Meine Mutter kann die Vorstellung nicht ertragen, dass dieses junge Mädchen irgendeine Bedeutung für mein Leben haben könnte. Sie betrachtet sie als Konkurrentin. Sie verlangt von mir, dass ich diesen Weg nicht weiter verfolge. Ich überschlafe das Ganze. Am nächsten Morgen steht meine Entscheidung fest. Valerie und ich werden einen gemeinsamen Weg beschreiten. Meine Mutter sieht ein, dass sie auf verlorenem Posten steht. Doch sie gibt sich nicht geschlagen, sondern wird krank. Sie hört auf zu essen und kommt ins Krankenhaus. »Ich werde sterben und das ist deine Schuld«, sagt sie anklagend. Meine Antwort wirkt brutal: »Alles klar, du kannst sterben!« Ich muss meine Mutter verlassen, so viel weiß ich, andernfalls ist meine eigene mentale Gesundheit bedroht.

Meine Emanzipation von meiner Mutter verdanke ich Valérie und ihrem unerschütterlichen Wesen. Sie befreit mich aus ihren Fängen. Valerie weigert sich zum Beispiel, meine Mutter zu duzen. Sie will die Distanz. Das kommt einer Kriegserklärung gleich. Meine Mutter holt ihre Geschütze hervor und schreibt ihr einen langen Brief, in dem sie ihr ein Geheimnis anvertraut: Daniel sei ein Geisteskranker, das hätten mehrere Ärzte festgestellt. Sie hätte diese Information gern für sich behalten, aber sie sei es sich schuldig, Valérie zu warnen. Meine Mutter wollte mich um jeden Preis bei sich behalten. In dieser ungesunden Beziehung habe ich allein materielle Vorteile: Sie macht mir zu essen, kümmert sich um die Einkäufe und die Geldangelegenheiten. Unser Leben ist durchstrukturiert wie eine Messe. Jeden Abend setzen wir uns um 19.29 Uhr ins Wohnzimmer vor den Fernseher, um die Nachrichten zu schauen. Danach stehen wir auf und machen das Gerät aus. Aus diesem Grund möchte ich später keinen Fernseher zu Hause haben. Ich könnte es nicht ertragen. Ich spüre, dass unsere Beziehung nicht gesund ist, schaffe es aber nicht, mich daraus zu befreien. Ich bin nicht dafür gemacht, allein zu leben. Ich mag Mädchen und ich schäme mich, noch Single zu sein und bei meiner Mutter zu wohnen. Es fühlt sich komisch an, ich habe das Gefühl, die anderen Leute beäugen mich misstrauisch. Doch Valerie ist nun in meinem Leben.

Der Weg, den Valerie und ich gemeinsam gehen wollen, soll uns zeigen, ob wir für das Leben im Kloster oder das in einer Ehen geschaffen sind. Zu diesem Zeitpunkt sind wir noch kein Paar. Wir gehen noch nicht einmal zusammen aus. George hat mich angeregt, diesen Weg zu gehen, weil er sieht, dass ich nicht glücklich bin. Er macht mir Mut: »Wenn du heiratest, solltest du bedenken, dass die Sexualität in der Ehe eine gewisse Rolle spielt. Du solltest herausfinden, ob du das kannst.« Ich stehe Valérie nahe genug, um ihr sagen zu können, dass ich als Kind missbraucht worden bin. Sie hört mir zu und urteilt nicht über mich. Im Gegenteil, sie fragt, wie es mir geht und ob ich mich als pädophil bezeichnen würde – eine Frage, die ich mir selbst nie gestellt habe und die im Zentrum der Therapie stehen wird, die ich wenige Monate später beginne. Ich erkläre ihr, dass ich Angst vor Sex habe. Wir sprechen ganz offen und sie nimmt alles vorurteilslos auf. Es hat etwas Befreiendes. Eine Last fällt von mir ab. Ich fühle mich besser.

Inzwischen haben wir auch einen Priester gefunden. Er heißt Bernard Genoud. Er soll uns auf unserem spirituellen Weg begleiten. Unsere freie Zeit setzt sich aus vielen Momenten der Reflexion und des Rückzugs zusammen. Wir fangen an, uns gegenseitig wertzuschätzen. Beide haben wir einen Dickkopf, aber sie weiß, wie sie mich zu nehmen hat. Am Ende unseres Weges ist der Abbé der Ansicht, »wir sollten heiraten«. Wir teilen diese Ansicht, ich spüre keine Angst mehr, und so beschließen wir im Jahr 1995 den großen Schritt zu wagen. Sehr bald kommen Grégoire (1996), Mathilde (1998), Ludovic (2000), Simon (2001) und Édouard zur Welt. Anne Léa, ein Mädchen mit Trisomie, adoptieren wir 2002 im Alter von vier Monaten.

Vollkommen unerwartet erscheint 1996, also während einer Zeit großer Veränderungen, mein Vater wieder auf der Bildfläche. Mein Vater, von dem ich glaubte, er sei tot, war es gar nicht. Charles, einer meiner Brüder, hatte wieder Kontakt zu unserem Vater aufnehmen wollen und entsprechende Recherchen angestellt. Er findet ihn schließlich in einer psychiatrischen Klinik, in der er seit einigen Jahren lebt. Ich selbst spüre nicht unbedingt das Bedürfnis, ihn wiederzusehen. Mein Bruder jedoch möchte ein Abendessen organisieren, bei dem wir uns alle wiedersehen, und fragt mich, ob wir das bei uns zu Hause machen könnten. Ich bin sehr überrascht. Ich spreche mit Valérie darüber, die diese Idee gut findet, er sei ja trotz allem »mein Vater«. Es ist eine sehr merkwürdige Angelegenheit, irgendwie auch beschämend, wir fragen uns, was wir zu essen vorbereiten sollen, und finden heraus, dass er Schweinefleisch mag. Schwein also. Der Tag X kommt. Als der Mann, der mein Vater ist, unsere Wohnung betritt, erkenne ich ihn nicht wieder. Ich habe ihn seit dreiunddreißig Jahren nicht gesehen! Vor mir steht ein alter, kahlköpfiger Herr, der nicht viel sagt.

Dieses Ereignis war so einschneidend, dass ich zu Georges ging, um ihm davon zu berichten: »Georges, stell dir vor, ich habe meinen Vater wiedergesehen. Jetzt kann ich selbst auch Vater werden!«

Kurze Zeit später stirbt Georges ganz plötzlich. Der Verlust dieses Freundes war für mich extrem schmerzvoll. Seine Familie stimmte zu, dass ich gemeinsam mit einem anderen Freund die Begräbnisfeier organisiere, wofür ich unendlich dankbar bin. Georges war ein aufrechter, kämpferischer und großzügiger Mensch. Er war mein Herzensbruder. Dass ich heute am Leben bin, verdanke ich ihm; dass ich bis heute in der Bibliothek bin, verdanke ich ihm. An dem Tag, als Georges starb, machte es in mir Klick. Ich denke: »Georges ist tot. Was mache ich jetzt? Nichts. Entweder ich falle wieder in die Depression – oder ich lebe.« Ich habe mich für das Leben entschieden, denn da waren Valérie und die Kinder. Ohne sie wäre ich Georges gefolgt. Er hat mich liebevoll umsorgt, und nun bin ich an der Reihe, zurückzugeben, was ich bekommen habe. Deshalb gebe ich jedem Leidenden, der mir begegnet, das, was ich geben kann. Georges hat mich an die Hand genommen und den Stab an Valérie weitergegeben. Als er starb, wusste ich, dass ich meinen einzigen Freund verloren hatte.

Im Jahr 1998 kommt mein Vater noch einmal zu uns. Ich hatte ihm 1996 bei Grégoires Geburt eine Geburtsanzeige geschickt – auf die er nicht geantwortet hat, was mich allerdings auch nicht sonderlich gekränkt. Jetzt, zwei Jahre später, geben wir ihm seine Enkelin Mathilde in den Arm und machen Fotos. Meine beiden Brüder sind auch da. Unser Vater scheint glücklich zu sein, so als hätte er uns nie verlassen. Das Essen verläuft recht gut, sodass mein Bruder ein weiteres Treffen organisieren möchte, zusammen mit den Cousins väterlicherseits, die wir kaum kennen. Überrascht stelle ich fest, dass besagte Cousins unseren Vater sehr gut kennen. Sie können uns sogar etwas über ihn erzählen und scheinen ihn zu mögen. Sie sprechen von ihm wie von einem Mann, der sich im Maurerhandwerk sehr verdient gemacht hat. Meine Schwestern sind ebenfalls da. So erfahren wir, dass unser Vater schwer krank ist.

Einige Wochen vergehen. Im Oktober 1999 erhalte ich einen Anruf aus dem Krankenhaus. Der Krankenpfleger hat die Geburtskarte unseres Sohnes Grégoire im Nachtschrank meines Vaters gefunden und sich erlaubt, die darauf stehende Nummer anzurufen. Er weiß nicht, in welchem Verhältnis ich zu dem Heimbewohner stehe, denn niemand hat eine Ahnung davon, dass mein Vater fünf Kinder hat. Der Pfleger informiert mich darüber, dass es meinem Vater schlecht geht und er sterben könnte. Wir beschließen, ihn zu besuchen. Wir kommen an sein Krankenbett, einer nach dem anderen. Und zu meiner Überraschung finde ich heraus, dass mein Vater nie aufgehört hat, an uns zu denken. Er besitzt mehrere Presseartikel über mich aus der Zeit, als ich mich für die Initiative »Prier Témoigner« engagierte, und er weiß, dass ich Mönch war. Letztlich weiß er mehr über mich als ich über ihn. So erfahre ich, dass er seine Kinder mehr als dreißig Jahre lang nicht sehen durfte und er möglicherweise darunter gelitten hat. Für mich war diese Begegnung ziemlich bewegend. Meine Schwester schafft es, unsere Mutter dazu zu bringen, ins Krankenhaus zu kommen und ihr den eigenen Ehemann vorzustellen. Er hat sie nicht wiedererkannt, aber er sagte zu ihr: »Sie sind eine hübsche Frau. Wenn ich jünger wäre, würde ich Sie heiraten.« Natürlich war meine Mutter dagegen, dass wir den Kontakt zu unserem Vater wieder aufgenommen und sie gezwungen haben, ihn wiederzusehen.

Einige Monate später – ich bin gerade mit der ganzen Familie im Urlaub – kann ich eines Nachts aus irgendeinem Grund nicht schlafen, was mir sonst nie passiert. Am nächsten Morgen packe ich die Koffer und bestimme, dass wir nach Hause fahren, weil etwas Merkwürdiges passiert sei. Valérie ist nicht gerade erfreut. Um 8 Uhr klingelt das Telefon. Es ist das Krankenhaus, das mir mitteilt, mein Vater sei in der Nacht gestorben. Ich kann es kaum glauben, es ist, als hätte ich gespürt, dass etwas Schlimmes passiert ist, so als wären mein Vater und ich im Moment seines Todes verbunden gewesen. Ich kümmere mich um das Begräbnis. Wie es sich gehört, gebe ich eine Traueranzeige auf, in der auch der Name meiner Mutter erwähnt wird. Bei dieser Gelegenheit finden wir heraus, dass unsere Eltern gar nicht geschieden sind, sodass ich die Formulierung »seine Ehefrau« verwenden kann.

Die Beerdigung war denkwürdig. In Lausanne ist es möglich, sich kostenlos in einem Sarg aus Pappmaché einäschern zu lassen. Wir haben uns für diese Lösung entschieden. Dem Wunsch meines Vaters folgend, haben wir ihn in Siviriez begraben, einem Dorf in der Nähe von Romont, ganz in der Nähe der seligen Marguerite Bays, die ein intensives spirituelles Leben geführt und schon in jungen Jahren Stigmata hatte. Am Tag der Beisetzung ist scheußliches Wetter, es regnet Bindfäden. Nach der Trauerfeier begeben wir uns gemäß der Tradition auf den Friedhof. Im feierlichsten Moment präsentiert mir der Mann, der die Zeremonie leitet, die Urne mit den Worten: »Ihr Vater!« Das war ungewöhnlich und fast schon komisch. Doch als der arme Mann diese Worte ausspricht, macht er einen Schritt nach vorn, um die Urne im Kolumbarium abzustellen, rutscht dabei aber im Schlamm aus. Auf einen Schlag fallen alle Urnen um, die bereits dort aufgestellt sind. Man hört das Klirren der Gefäße, während der Mann zu Boden geht. Was für eine Situation.

Mein Vater hat seinem Leben mit uns ein genau so bizarres Ende gesetzt, wie er es begonnen hatte. Dennoch war das Wiedersehen von entscheidender Bedeutung für mich. Und auch wenn ich bereits selbst Kinder hatte, spürte ich erst jetzt, dass ich selbst Vater werden konnte, wie ich es Georges schon Jahre zuvor gesagt hatte. Die Stabübergabe hatte stattgefunden.

Das klingt bizarr, denn: Ich bin ohne Vater aufgewachsen, und das Bild, das ich von meinem Vater hatte, war negativ. Ich erinnere mich nur an einen streitsüchtigen Mann, der meiner Mutter Ohrfeigen gab. Ich hatte keinen Vater, aber ich habe in meinem Leben Männer getroffen, die mich geliebt und die sich um mich gekümmert haben. Ich habe andere Väter gefunden, Ersatz-Vaterfiguren. In Einsiedeln wurde ich als Sohn von Pater Wolfgang betrachtet. Wenn ich dorthin zurückkehre, rufen die Mönche noch heute: »Ah, sieh einer an, da ist Daniel, Wolfgangs Sohn!« Ich hatte Monsieur Arnold und ich hatte Georges. Diese Männer haben mir geholfen, erwachsen zu werden, und sie waren Vorbilder für mich.

Keiner von ihnen hätte wohl je gedacht, dass ich eines Tages selbst Vater werden würde. Doch heute bin ich es. Ich liebe meine Kinder. Ich bin gerecht zu ihnen. Ich bin bestimmt kein perfekter Vater, würde aber alles für sie tun. Meine Kinder wissen, was mir zugestoßen ist, ich mache kein Geheimnis daraus. Da es mir schwerfällt, meine Zunge im Zaum zu halten, hat mir meine Frau strikte Grenzen gesetzt: Sie hat mir verboten, zu jeder beliebigen Zeit und auf jede beliebige Art und Weise über meine Erlebnisse zu sprechen. Ich brauche solche Verbote, weil ich es nicht schaffe, mir selbst diese Grenzen zu setzen. Manchmal wollen die Kinder nichts mehr von diesem Thema hören, und ich muss ihren Wunsch respektieren. Ich darf sie nicht dazu zwingen, Dinge anzuhören, die sie noch nicht bereit sind aufzunehmen. Ich bin ein Vater, der die Intimität seiner Kinder respektiert. Ich habe Barrieren errichtet, was meine Mutter mir gegenüber versäumt hat. Ich habe mich bewusst dafür entschieden, die Intimität meiner Kinder zu schützen. Aufgrund der Tatsache, dass ich selbst missbraucht wurde, bin ich auf diesem Gebiet besonders sensibel. Das heißt natürlich, dass ich meine Kinder gewarnt habe. Darüber hinaus habe ich die Verantwortlichen aller Gruppenaktivitäten informiert, an denen sie teilnehmen: »Wenn auch nur irgendwas passiert, kommt ihr alle in den Knast!« Mag sein, dass das etwas übertrieben ist, aber es ist stärker als ich. Ich könnte es nicht ertragen, wenn einem meiner Kinder das Gleiche widerfährt wie mir. Ich habe allen Kindern gesagt, dass ich dieses Buch schreibe. Ihre Reaktionen waren unterschiedlich. Der Jüngste zeigte sich am offensten. Er ist zwölf Jahre alt und hat zu mir gesagt: »Papa, das ist großartig. Gib dein Bestes. Ich bin froh, dass du dieses Buch schreibst. Wenn irgendwer auch nur das Geringste anzumerken hat, weiß ich, was ich zu sagen habe.« Mein fünfzehnjähriger Sohn hingegen ist in einem schwierigen Alter und sieht es kritisch, während der Älteste eher indifferent scheint, mich aber dennoch ermutigt hat: »Mach, was du willst, du bist frei. Und du bist erwachsen.« Ein merkwürdiger Satz. Ich bin ein Vater mit einer gewissen Autorität. Ich habe sie zur Arbeit erzogen, damit sie finanziell unabhängig werden. Wenn ich schimpfe, wird das respektiert. Ich erhebe sehr schnell die Stimme, weil ich schwache Nerven habe. Ich denke dennoch, dass ich zu meinen Kindern eine gute Beziehung habe, denn ich bin für sie da und höre ihnen zu. Und ich versuche, mit meinen Kindern besondere Dinge zu unternehmen. Denn noch einmal: Ich würde ans Ende der Welt für sie gehen.

Valerié kümmert sich bei uns um alle schulischen Dinge. Auf diesem Gebiet halte ich mich eher für unfähig. Nur in einer Sache mische ich mich ein: Wenn es um die sexuelle Aufklärung geht. Ansonsten halte ich mich zurück. Zum Glück ist Valérie eine sehr gute Mutter. Meine Begegnung mit ihr war ein Werk der Vorsehung, da besteht kein Zweifel. Ohne diese fast schon übermenschliche Hilfe hätte ich es nie geschafft.

Beten bezeugen

Ein Sprung zurück, einige Jahre vorher: Ich habe in mir den Wunsch, nützlich zu sein, aber ich weiß nicht, womit und wie. Meine große Familie bleibt die Kirche, ich habe sie nie verleugnet. Tatsächlich ist mir das nie in den Sinn gekommen, weil ich verstanden habe, dass Pater Joël Allaz, mein Vergewaltiger, krank war. Man musste nur genau hinschauen. Diese beiden Facetten, Schatten und Licht, waren so gut voneinander zu unterscheiden, dass ich ganz klar das Gefühl hatte, es mit zwei unterschiedlichen Persönlichkeiten zu tun zu haben. Obwohl ich noch klein war, konnte ich spüren, dass es nicht normal war, dass er diese *Schweinereien* mit mir machte. Meine religiöse Erziehung hat es mir darüber hinaus ermöglicht, ihn nicht zu hassen, weil man die »Kranken und geistig Behinderten nicht hasst«. Dieses Bewusstsein hat mich vor einer gewissen Verwirrung bewahrt und mir geholfen, die Dinge nicht zu vermischen. Ich bleibe ein Mann, der dem Umfeld der Kirche nahe ist, weil ich hier sensiblen Menschen begegnet bin, die voller Menschlichkeit sind und sich voll und ganz ihrer Bestimmung widmen.

Als ich ins zivile Leben zurückkehre, halte ich den Kontakt zu den Patres von Einsiedeln aufrecht und besuche sie regelmäßig. An einem Abend im Jahr 1984 erhalte ich den Anruf eines Mönches. Es war der Generalsekretär der Bischofskonferenz. Johannes Paul II. hat seinen offiziellen

Besuch in der Schweiz angekündigt, und er benötigt einen Fahrer für die kirchlichen Würdenträger während dieser Zeit. Er hat an mich gedacht. Ich nehme das Angebot an. Insgeheim hoffe ich, dem Papst zu begegnen.

Es ist meine Aufgabe, die Bischöfe von einem Ort zum anderen zu fahren, durch die ganze Schweiz. Die meiste Zeit über werde ich warten müssen. Einmal biete ich meine Dienste einem Priester an, der sich um das Gepäck kümmert. Bevor er meine Hilfe annimmt, fragt er mich, wer ich sei und welche Funktion ich hätte. So erfahre ich, dass er der Privatsekretär des Papstes ist. Zwischen zwei Transfers erzähle ich ihm, dass ich Einsiedeln sehr gut kenne, da ich fünfeinhalb Jahre meines Lebens dort verbracht habe und Mönch gewesen sei.

Meine Begegnung mit dem Papst, auf die ich so sehr gehofft hatte, hat aber nur indirekt mit der Autofahrt zu tun, und ist kurios: An jenem Tag bestand mein Auftrag darin, den Generalsekretär des Ökumenischen Rats der Kirchen und den Vertreter des Patriarchen Athenagoras von Genf nach Einsiedeln zu befördern. Ich bringe sie zum Kloster und erledige meine Aufgaben. Ich kenne das Kloster in und auswendig, noch immer sind die Schlüssel in meinem Besitz, und noch immer habe ich ein Zimmer dort, in dem ich wohne, wann immer ich zu Besuch komme. Ich kenne alle Schleichwege und verborgenen Winkel des Klosters. Und auf einmal geschieht das Unvorstellbare: Auf einer Treppe stehe ich Auge in Auge dem Papst gegenüber. Er ist in Begleitung des Abtes, der verärgert ist, weil er nichts von meiner Beschäftigung weiß. Der Papst logiert in der Kardinalswohnung und scheint sehr überrascht, mich an diesem Ort zu treffen. Doch er ist ein umgänglicher Mensch und fängt ein zwangloses Gespräch mit mir an. Er fragt mich, wer ich sei, und mir wird klar, dass sein Sekretär ihm von unserer Begegnung erzählt haben muss, denn auf einmal sagt der Heilige Vater: »Du wirst glücklich sein, wieder einmal in deinem Kloster zu sein!« Ich falle aus allen Wolken. Er sieht mir gerade in die Augen und sagt dann: »Daniel, hast du Leid erfahren?« Ich bejahe seine Frage. Das Gespräch setzt sich noch ein paar Minuten fort, aber es ist Zeit genug, um ihm zu erzählen, was mir die Mönche gegeben haben und warum ich das Kloster verlassen habe. Dann fügte ich noch hinzu: »Ich habe Glück, weil ich meinen Glauben nicht verloren habe.« Er lächelt und antwortet: »Der Herr beschützt dich, weil du deinen Glauben bewahrt hast.« Diese außergewöhnliche Begegnung war zwar sehr kurz, aber von einer unbeschreiblichen Intensität. Am folgenden Tag lud mich der Privatsekretär des Papstes ein, nach Rom zu kommen, wann immer ich es wünschte.

Diese Tage in der Gemeinschaft der wichtigsten Vertreter der Kirche haben mich in einer unvergesslichen Weise geprägt. Ich spürte eine aufrechte Anteilnahme vonseiten Johannes Paul II., ein ehrliches Mitgefühl in seinen Gesten und in seinem Blick. Er hat mir das Gefühl gegeben, willkommen zu sein. Niemals hatte ich daran gedacht, nach Rom zu kommen. Ein Jahr später jedoch fragt mich ein Freund und engagierter Anhänger der Kirche, ob wir eine Pilgerreise dorthin unternehmen wollen. Die Herausforderung reizt mich, und dies umso mehr, als ich eine persönliche Einladung erhalten habe. Zwei Jahre sollten die notwendigen Vorbereitungen dauern, bevor wir die Pilgerfahrt mit sechzig Jugendlichen zum Vatikan antreten können. 1987 ist alles so weit und dank des Privatsekretärs des Papstes bekomme ich sogar eine Audienz. Diese Begegnung stellt einen wichtigen Moment in meinem Leben dar, denn der Pontifex erkennt mich sofort. Nach dieser ersten Unterredung organisierte ich in den darauffolgenden Jahren noch mehrere andere Pilgerfahrten und Begegnungen mit ihm. Vor den Papst treten zu dürfen, hat mich in gewisser Weise gerettet, weil ich spürte, dass er mir besondere Aufmerksamkeit schenkte. Er hat erkannt, dass ich ein verletzter Mensch war. Das war für mich ein unvergessliches Erlebnis. Zusammen mit dem Papst zu beten, gab mir einen gewaltigen Lebensmut. Von ihm anerkannt zu werden, schenkte mir neue Kraft.

Diese erste Erfahrung als Chauffeur hat mir weitere Möglichkeiten eröffnet. Eine davon ist so ungewöhnlich, dass ich sie hier erwähnen möchte: Eines Tages erhalte ich einen Anruf des Bischofs der Diözese, Pierre Mamie. Er braucht einen Fahrer, der ihn nach Genf bringt, wo er Kinder aus wohlhabenden Familien konfirmieren soll. Darauf legt er wert. Der Bischof ist ein Mann der Kirche, aber er hat etwas übrig für Prunk. Ich verstehe ohne weitere Anweisungen, dass ich mich entsprechend meiner Funktion zu kleiden und an meinem Platz zu bleiben habe. Als wir angekommen sind, flüstert er mir kurz vor der Zeremonie ins Ohr: »Ich habe gehört, Sophia Loren soll da sein. Ich würde sie gern begrüßen. Kannst du das Nötige veranlassen?« Warum nicht? Leider kenne ich diese Person weder persönlich noch vom Namen her. Ich mache mir keine weiteren Gedanken darüber, es wird sich schon im passenden Moment eine Lösung finden. Ich setze mich auf eine Kirchenbank. Ich bin umgeben von einer Schar von Leuten mit Federn und Hüten auf dem Kopf. Zum Glück trage ich eine Krawatte! Neben mir sitzt ein etwas pummeliger Herr. Während wir auf den Beginn der Zeremonie warten, fange ich ein Gespräch an. »Kennen Sie die Leute hier?« Er kennt ein paar, weil seine Tochter hier in die Privatschule geht und jeden Moment zur Erstkommunion gehen wird. ›Können Sie mir sagen, wo Sophia Loren ist?« Er dreht sich brüsk zu mir hin und sieht mich an, als wäre ich ein Idiot. »Sie sitzt neben Ihnen!« Perfekt. Die Dinge laufen gut an. Ich kann das Ende der Zeremonie abwarten. Mamie hält eine großartige Predigt. Alle sind beeindruckt. Der kleine Herr neben mir beugt sich zu mir und fragt mich, ob ich den Namen des Bischofs kenne. »Monsignore Mamie, Bischof von Lausanne, Genf und Fribourg«, entgegne ich mit einem Hauch von Rachelust. Der Herr stellt sich vor. »Ich bin Frédéric Dard.« Keine Reaktion von meiner Seite. Sein Name sagt mir genauso wenig wie der von Sophia Loren. Er sieht mich spöttisch an. Offensichtlich denkt er, ich hätte nicht alle Tassen im Schrank. Ich versuche mich zu rechtfertigen: »Ich komme gerade aus dem Kloster von Einsiedeln, wo ich fünf Jahre als Mönch gelebt habe... Ich heiße Daniel Pittet, und ich kann Ihnen den Bischof vorstellen, wenn Sie das wünschen. Ich bin sein Privatchauffeur.« Im selben Moment drehe ich mich zu Sophia Loren um. »Madame, der Bischof würde Sie gern kennenlernen. Denken Sie, das ist möglich?« Zu meiner großen Freude akzeptiert sie die Einladung lächelnd. So kann ich Mamie gleich zwei Leute vorstellen! Ich fange mit Frédéric Dard an, und überraschenderweise sind die beiden sich sofort sympathisch. Ich weiß es noch nicht, aber es ist der Beginn einer wunderbaren Freundschaft zwischen den beiden Männern, die sogar ein Buch zusammen schreiben werden. Mamie sollte beim Begräbnis von Frédéric Dard, der in Fribourg lebte, als er starb, auch die Messe halten. Die Vorstellung von Sophia Loren ist amüsanter. Sie hat Klasse, ist schön und sympathisch. Mit Vergnügen wechselt sie ein paar höfliche Worte mit dem Bischof, und bevor sie die Kirche verlässt, fragt sie mich, wer ich sei. Ich erkläre ihr kurz den Grund meiner Unkenntnis, und sie antwortet laut lachend: »Tja, Sie sind wohl der einzige Mensch auf der Welt, der noch nie von mir gehört hat!« Dann umarme ich sie.

Als Verantwortlicher für die religiösen Feierlichkeiten in Fribourg organisiere ich auch die Beisetzung von Jean Tinguely, ein von dort stammender bildender Künstler, der weltweit bekannt ist, gerade für seine Verrücktheiten. Die Zeremonie war ganz auf ihn zugeschnitten. Ich entdecke eine Welt, die der meinen vollkommen entgegensteht und zu der ich keinerlei Zugang habe. Als Organisator gehe ich zu allen Leuten hin, um nachzusehen, ob auch alles seinen Gang geht. Keiner nimmt Notiz von uns, weil uns keiner kennt. Wir reden nicht mit, hören aber die Gespräche der anderen. Besonders geschockt bin ich, als ich mitbekomme, wie anzügliche Witze über Sex gemacht werden, und das auf eine sehr offene und unkeusche Art, wenn man bedenkt, unter welchen Umständen dies geschieht. Na ja: Tinguely hätte wohl seine Freude daran gehabt.

Eines Tages schlägt mir Bischof Mamie vor, mich bei der

Kirche anzustellen. Der Vorschlag reizt mich. Er möchte, dass ich mich aktiv für das Apostolat des Gebets einsetze. Dabei handelt es sich um eine vor einhundertfünfzig Jahren von den Jesuiten gegründete Vereinigung, die aufgrund mangelnden Nachwuchses im Verschwinden begriffen ist. Ich willige ein, den entsprechenden Ausschuss zu treffen. Ich erinnere mich an eine Gruppe älterer Leute, die in einem muffig riechenden Raum sitzen. Nicht gerade sehr erheiternd. Der Präsident sagt folgende Worte: »Ich habe einen neuen Präsidenten für Sie gefunden, hier ist er. Er heißt Daniel Pittet.« Und ich höre mich noch denken: »Oh mein Gott, Präsident wovon eigentlich?« Ich fühle mich nicht wohl. Beim Hinausgehen frage ich den Mann: »Wovon bin ich eigentlich Präsident?« Erstaunt sieht er mich an: »Du bist der Präsident des Postulats des Gebets.« Wie aus der Pistole geschossen erwidere ich bestimmt: »Okay. In diesem Fall bist du mit von der Partie. Denn die Mannschaft, die wir eben gerade getroffen haben, macht auf mich nicht gerade einen aufgeweckten Eindruck.« Überaus erleichtert, den Fortbestand des Vereins gesichert zu haben, akzeptiert er den Vorschlag.

Es gibt die unterschiedlichsten Leute in dieser Gruppe, die sich Apostolat des Gebets nennt. Die Versammlungen sind pseudointellektuell, völlig unverständlich und abgehoben. Ich sage: »Stopp! Wir müssen das Ganze auffrischen, alle Gemeinschaften, die es gibt, müssen in einem Bund zusammengeschlossen werden, in dem sich alle gegenseitig respektieren. Wir verzichten auf sämtliche Konventikel, die eher trennend als verbindend wirken. Wir tun uns zusammen!« Ihre Antwort schallt durch den Raum: »Wir tun uns zusammen, um genau was zu tun?« Und ich antworte: »Um zu beten und zu bezeugen.« Seit Langem schon spüre ich in mir das Bedürfnis, das Evangelium zu verkünden, indem ich es vorlebe. Ich will keine Theorien aufstellen, sondern das Evangelium leben, ganz konkret.

Auf diese Weise wird die Vereinigung »Beten Bezeugen« ins Leben gerufen. In diesem Zusammenhang erlebe ich ganz außergewöhnliche Begegnungen. Die Liste wäre endlos lang, wollte ich sie alle aufführen. Ich möchte an dieser Stelle nur die wichtigsten nennen, jene, die eine Spur hinterlassen haben und die mir auch in Zukunft Halt geben werden.

Unser Ziel ist, jährlich ein Treffen zu organisieren, die unter einem Thema stehen, das unsere Gemeinschaft konkret betrifft. Es sollen charismatische Persönlichkeiten eingeladen werden, die ihre Lebenserfahrungen mitteilen sollen. Das Gebet spielt dabei natürlich eine wesentliche Rolle. Wir führen gleich zu Beginn Messen ein. Da wir auf zahlreiche Spenden zurückgreifen können, haben wir nie Geldprobleme. Die Situation wird im Laufe der Jahre sogar noch besser. Alle Priester, die ich kennengelernt habe, sind Mitglieder dieser Vereinigung. Die erste große Versammlung findet 1990 in der Universität Fribourg statt. Das Thema: Sexualität. Kein Zufall. Ich hatte ein Problem mit diesem Thema und suchte nach Antworten. Ich wollte mich informieren, teilhaben, Erfahrungsberichte hören. Ich hatte ein Buch gelesen, dass mich sehr berührt hatte und in dem es um Enthaltsamkeit und Keuschheit als Selbstaufopferung ging. Im Geiste war ich noch immer Mönch. Ich machte also den

Vorschlag, den Autor des Buches, Pater Daniel-Ange, einzuladen, und Tausende von jungen Menschen kamen, um ihn zu erleben. Es ist ein echter Erfolg. Wir wissen, dass wir in diese Richtung weitergehen können. So nehme ich Kontakt mit Organisationen auf, die ähnlich arbeiten. Ich reise nach Frankreich, um zu sehen, wie man dort vorgeht, und um zu verstehen, welche Dinge gut funktionieren.

Wir arbeiten mit zwei Zeitschriften zusammen, einer für Kinder einer und einer für Erwachsene. Wir verfolgen explizit missionarische Ziele. Sehr schnell wird der Verein größer. Ich engagiere einen Buchhalter und eine Sekretärin, Valérie. Mein Engagement für »Beten Bezeugen« hilft mir dabei, wieder aufzuleben, meinem Leben einen neuen Sinn zu geben. Ich organisiere Pilgerfahrten nach Einsiedeln, nach Paray-le-Monial und nach Ars. Wir fahren sogar nach Spanien und Polen . Ich sehe noch vor mir, wie ich mit den fünfzig Pilgern aus Fribourg im Bus den Rosenkranz bete. Mehrmals reise ich nach Rom; es ist mir gelungen, eine Reihe von Leuten zusammenzubekommen, die bereit sind, sich an mehreren Projekten zu beteiligen. Ich mache mit bei Radio- und Fernsehsendungen, bin mit Menschen in Kontakt, die ich mag und die ich ohne diese ehrenamtliche Tätigkeit nie getroffen hätte. 1994 lade ich Guy Gilbert ein, um aufgrund seines damals äußerst originellen Status als »Priester der Ganoven« vor »Beten Bezeugen« zu sprechen. Sein Engagement für die verdorbensten Delinquenten machte auf viele Menschen Eindruck, weil Guy einen ganz neuen Blick auf die Außenseiter der Gesellschaft warf. Die Aufopferung, mit der er sich um diese leidenden jungen Menschen bemühte, ließ hoffen, dass Erlösung möglich war, dass sie aus dem Dunst heraustreten konnten, wenn nur ein liebender Blick auf ihnen ruhte.

Ich hatte Guy kurze Zeit zuvor kennengelernt. Wie schon so oft in meinem Leben, war ich auch hier Chauffeur. Guy war in Fribourg und sollte dem Gefängnis von Bellechasse einen Besuch abstatten. Ich hatte den vorgesehenen Fahrer ersetzt, um ihn begleiten zu können. So war ich mit ihm im Auto. Ich kannte ihn nicht, weder vom Namen her noch persönlich. Guy sollte einen Vortrag vor den Gefangenen halten. Ich hatte große Angst davor, mich in ein Gefängnis zu begeben, hatte Angst davor, Straftätern zu begegnen. Doch Guy nahm mich mit. Wir betraten den Saal. Am Platz jedes Gefangenen fanden sich eine Coca-Cola und eine Zigarette. Die Inhaftierten betraten den Raum und setzten sich. Wir warteten bereits auf sie. Abrupt stand Guy auf und schrie: »Tja, hier seid ihr alle eine Bande von Mistkerlen!« Verstört sah ich ihn an, ich hatte das ungute Gefühl, das würde schiefgehen. Alle Männer richteten sich en bloc auf, sie schienen bereit, jeden Moment loszuspringen. Ohne ihnen die Zeit dafür zu lassen, sprach Guy noch lauter weiter. Dabei zeigte er mit dem Finger auf mich: »Aber der schlimmste Mistkerl ist der da!« Der Anführer gab ein Zeichen zur Beruhigung. Alle setzten sich hin. Ich war überrascht, wie versteinert. Die Maschine Guy Gilbert, die ich bisher noch nicht kannte, war in Gang gekommen. Alles war aufeinander abgestimmt. Guy überließ nichts dem Zufall. Er ist ein fantastischer Schauspieler, der vor allem großartig improvisiert. Bei ihm ist nichts – und das sollte ich bei jeder weiteren Gelegenheit erneut erfahren – geplant, aber alles läuft wie geschmiert. Seine Darbietungen sind regelrechte Theaterstücke, deren Choreografie bis ins kleinste Detail stimmt. Er selbst ist der vollkommene Schauspieler. Er kennt den Text bis in die Fingerspitzen. Und es funktioniert! Die Kerle hingen an seinen Lippen, als stünde Jesus vor ihnen. Er fand immer die richtigen Worte, er formulierte die passenden Sätze. Der Vortrag endete unter tosendem Beifall. Mehrere Gefangene kauften ein Buch von ihm. Als wir hinausgingen, traten einige von ihnen an mich heran und klopften mir mitleidig auf die Schulter. Andere steckten mir Briefe zu, damit ich sie einwerfe. Da begriff ich, dass sie dachten, ich sei ein Knastbruder, der soeben aus einer Pariser Vollzugsanstalt gekommen sei. Ein harter Kerl! Um den Direktor zu beruhigen, schlug Guy vor, dass wir einen Brief aufmachten, um nachzuschauen, was drin stand. Im ersten Brief standen folgende Worte, und ich habe sie niemals vergessen:

»Liebe Mama,

ich habe dir viel Leid zugefügt. Na ja, ich habe ihn umgebracht, ich habe ihn umgebracht. Ich bin es gewesen, so ist es. Ich bitte dich um Vergebung.«

Der Typ hatte jemanden umgebracht und bat seine Mutter um Vergebung. Ein Schlag in die Magengrube. Diese erste Erfahrung sollte uns für immer aneinander binden. Mit Guy, das kann ich sagen, bin ich »auf Leben und Tod« verbunden – in dem Sinne, dass ich ihn niemals fallen lassen würde, und er mich wohl auch nicht. Seit jenem Tag sehen wir uns regelmäßig. Ich lade ihn zu *Beten Bezeugen* ein, und einige Zeit später beschließe ich, den Schweizer Verein Pater Guy Gilbert zu gründen. Ich hatte eine Spende erhalten und wusste nicht, wofür ich sie verwenden sollte. Ich habe ihn Guy überwiesen, damit er damit seinen Schafstall in Faucon in Schuss hielt. Guy ist ein absolut origineller Mensch, der mich berührt hat, weil er sich unablässig um die schlimmsten Außenseiter der Gesellschaft kümmert. Jedes Mal, wenn ich bei einem seiner Vorträge dabei war, hat er mich mit seiner Geduld und seinem Fingerspitzengefühl gegenüber den gottverlassenen Kerlen in Staunen versetzt. Einmal hat einer von den jungen Typen ihn von Anfang bis Ende hops genommen. Er hat ihm keine Pause gelassen. Eine Provokation nach der anderen. Es war unerträglich. Schon nach dreißig Sekunden unterbrach er ihn. Doch Guy spürt tiefe Verletzungen, und er hat sofort begriffen, dass dieser junge Mann verletzt worden war. Tief verletzt. Er nahm sich Zeit, ihm zu antworten, auf jede Unterbrechung einzugehen, mit einer Engelsgeduld. Er trat zu ihm heran, hielt dabei aber den Kontakt zu den anderen. Denn er wollte niemanden übergehen. Er hat ihn keine Sekunde lang ausgeschlossen, verlor aber den roten Faden seines Vortrags nicht aus den Augen. So ging er mit dem Leiden des jungen Mannes um, der sich nicht anders zu helfen wusste als mit Aggressivität. Ich war wirklich beeindruck von dieser Vorgehensweise. Ich wäre an seiner Stelle explodiert und hätte den Unruhestifter auf der Stelle aus dem Saal geworfen.

Als ich Guy bei seiner Arbeit beobachtete, konnte ich bis in mein Innerstes spüren, dass er selbst auch ein Mann des Leidens war, ein empfindsamer Mensch mit einem großen

Herzen. Aus diesem Grund liebt er das absolute Leid. Je mehr ein Mensch leidet, desto mehr liebt Guy ihn. Für normale Menschen interessiert sich Guy nicht. Ich fühlte mich ihm sehr nah. Im Laufe der Jahre brachte mir Guy eine Sprache bei, die unter bestimmten Umständen sehr gut funktioniert. Eine messerscharfe Sprache, mit der man paradoxerweise eine Verbindung aufbauen kann.

Ich bin nicht mehr derselbe, seit ich Guy getroffen und ihn sprechen gehört habe. Er hat mich zutiefst durcheinandergebracht. Was ich an ihm liebe ist die Tatsache, dass er eine andere Kirche repräsentiert. Da gibt es die Priester in ihren Talaren und all die anderen, jene, die eine neue Zeit der Öffnung verkünden, einen neuen Pfingsthauch. Bei Guy habe ich einen neuen Horizont gesehen. Ich habe alle seine Bücher gelesen, weil ich die Erfahrungen liebe, die aus ihnen sprechen. In Guys Texten fand ich Worte, die mich wieder aufgerichtet haben. Einige Sätze klingen ihn mir lange nach, sie berühren meine Seele, sie helfen mir. So zum Beispiel dieser hier: »Lebt auf eine Weise, dass man bei eurer Art zu leben niemals denken könnte, dass es Gott nicht gibt.«

Meine Begegnung mit Jean Vanier ist ähnlich bedeutsam für mich und hat sich mir tief eingeprägt. Er ist genauso groß wie ich. Als wir uns umarmten, dachte ich: »Das ist ein Heiliger.« Ich war depressiv und verängstigt, aber als er mich in seine Arme nahm, habe ich alles vergessen, alles war fort, ich spürte, dass da ein Mann war, der mich aufnahm, ohne zu urteilen, schweigend, so wie Papst Johannes Paul II. es getan hatte. Sein Blick und seine Milde haben mich umgeben wie ein Verband. Ihm habe ich es zu verdanken, dass

Valérie und ich uns entschieden haben, unser fünftes Kind, die kleine behinderte Anne Léa, zu adoptieren.

In den Jahren, in denen ich als Präsident von *Beten Bezeugen* aktiv war, hatte ich ein richtiges öffentliches Leben. Überall hin wurde ich eingeladen. Die französischen Bischöfe machten unglaublich Werbung für mich! Sie waren sehr beeindruckt von der Tatsache, dass es möglich war, so unterschiedliche Laienbewegungen wie die Gemeinschaft *La Verbe de vie,* die Fokolarbewegung, die Gemeinschaft *Sant'Egidio,* die *Aktion der Christen für Abschaffung der Folter (ACAT)*, die Bewegung *ATD Vierte Welt,* das *Gemeinde- und Missionswerk Arche* und andere zusammenzubringen. Wir bauten Stände auf, die die unterschiedlichen Gruppierungen repräsentierten. Ich kann mich an einen Bischof erinnern, der derart angetan war, so viele Menschen vereint zu sehen, dass er mit seinem Bischofsstab auf den Boden hämmerte und aus voller Kehle rief: »Ich liebe die katholische Kirche! Ich liebe die katholische Kirche!« Diese schöne Erfahrung hat mich aufgewertet und mir die gesellschaftliche Anerkennung verschafft, an der es mir gefehlt hatte. Ich funktionierte gut in dieser Vereinigung, weil ich einen festen Rahmen und Sicherheit hatte. Ich musste mich nicht um Geld kümmern, denn ich war umgeben von Leuten, die sich damit sehr gut auskannten. Da mir die Sorge um die Verwaltungsdinge von André Menoud abgenommen wurde, konnte ich mich frei entfalten. Ich hatte immer wieder mit denselben Leuten zu tun, und das gab mir Sicherheit. Georges und Valérie waren ebenso stark eingebunden. »Beten Bezeugen« hat meine Familie von Einsiedeln ersetzt. Ich liebte das Gemeinschaftsle-

ben in der Gruppe, ich liebte es, alle ihre Aktivitäten zu organisieren. Ich habe großartige Erfahrungen gemacht.

Ich erinnere mich an eine seltsame Begegnung. Anlässlich einer dieser Treffen sollte ich zum Bahnhof fahren und
jemanden abholen. Er sollte sich durch ein Handzeichen be-
merkbar machen. Und ich habe ihn vergessen. Er fand sich
also um Mitternacht allein in Fribourg wieder und hatte keine Herberge. Er wartete einen Moment und dann machte er
sich auf die Suche nach einer religiösen Gemeinschaft, die
ihn aufnehmen könnte. Es ist nicht so, dass es in Fribourg
keine davon gibt. So kam er zu den Kapuzinermönchen, die
ihn bei sich aufnahmen. Am Tag danach kommt er zu uns
und ich erinnere mich wieder. Er heißt Jacques. Ich entschuldige mich in aller Form: »Oh je, ich habe vergessen, dich ab-
zuholen!« In jovialem Ton antwortet er: »Nicht schlimm.
Ich habe bei den Kapuzinermönchen geschlafen. Ich habe
ihnen gesagt, dass ich bei *Prier Témoigner* arbeiten soll.« Ich
sah diesen großen Kerl an und dachte bei mir: »Arbeiten ...«
Was machen wir denn mit ihm? Ich schicke ihn also los, um
dem Kassierer beim Verwalter der Finanzen zu helfen. Guy
Gilbert war offensichtlich auch da. Als er mich hörte, fuhr
er mich von der Seite an: »Bist du noch ganz bei Trost? Hast
du sein Gesicht gesehen? Du wirst ihn doch nicht mit dem
Geld allein lassen, oder? Jedenfalls lässt du nachher das Geld
von der Kollekte rüberwandern, dann habe ich wenigstens
etwas!« Das war Guy, wie er leibt und lebt! Ich hatte also
keine Zeit mehr, um mich um diesen Jacques zu kümmern
und ließ ihn mit dem Kassierer allein. Am Abend machte ich
mir dann allerdings doch Sorgen. Der Kassierer war über-

fordert, er wusste nicht, was er während der Nacht mit dem Geld machen sollte. Ich sagte zu Jacques, er solle sich in einem kleinen Raum neben der Kasse in einem Schlafsack zur Ruhe legen. Dann ging ich nach Hause. Als ich am nächsten Morgen in aller Frühe zurückkomme, fand ich den Burschen noch immer schlafend neben dem Geld. Am Abend bedankte ich mich für seine Arbeit, dann fuhr er nach Genf zurück. Am nächsten Tag erhielt ich einen Anruf von einem Mann, den ich nicht kannte. Er stellte sich als der Verantwortliche einer sozialen Einrichtung mit Sitz in Genf vor, die »LE CARÉ« hieß und die Obdachlose aufnahm und ihnen zu essen gab. Jacques lebte zu diesem Zeitpunkt in der besagten Einrichtung. Er habe erzählt, dass er das gesamte Wochenende damit beschäftigt war, das Geld in der Kasse von *Prier Témoigner* in Fribourg zu verwalten. Niemand wollte ihm glauben, aber er hatte sich verändert. Der Verantwortliche wollte nun überprüfen, ob es stimmte, was der junge Mann erzählt hatte. Ich bestätigte es. Und er konnte es kaum glauben. So erfuhr ich, dass Jacques gerade aus dem Gefängnis entlassen worden war, wo er wegen Diebstahls und Unterschlagung gesessen hatte. Ich erzähle diese Geschichte gern, weil sie zeigt, dass Vertrauen zur Rettung führen kann. Der junge Mann hatte gezeigt, dass er nicht nur ein Dieb ist. Er hat eine Lehre begonnen, die ihm den beruflichen Wiedereinstieg ermöglich wird. Ohne es zu wissen habe ich ihm eine Chance gegeben, und er wurde gerettet. Ich denke oft an diese Erfahrung, wenn ich mit jungen Menschen zu tun habe, die in einer ähnlich schwierigen Lage sind.

Im Jahr 1991, anlässlich der zweiten Veranstaltung von *Prier Témoigner* kommen zweitausend Menschen zusammen, um das Thema »Das Zusammenleben auf der Erde – die Begegnung wagen« zu erörtern. Wir haben Schwester Emmanuelle eingeladen, die aus Kairo eintrifft, und sind glücklich, sie willkommen zu heißen. Diese Frau ist eine Kämpferin, eine außergewöhnliche Person. Mitten in ein andächtiges Schweigen hinein schreit sie: »Wer will mit in die Slums von Kairo kommen?« Und wie die Dummköpfe heben wir alle die Hand. Dann fährt sie fort: »Bleibt hier in Fribourg! Schaut euch um, in der Wohnung unter euch! Auch hier sterben die Menschen, auch hier nehmen sie sich das Leben!« Wir sind verblüfft. Es ist einer der eindrücklichsten Momente in meinem Leben. Eine echte Lektion. Doch Schwester Emmanuelle kann auch rechnen. Sie schreit weiter überall herum, dass sie einhunderttausend Franken brauche und Fribourg nicht eher verlassen werde, bis sie die Summe zusammenhabe. Ich frage mich, wie um alles in der Welt wir so viel Geld auftreiben sollen. Wir organisieren eine große Kollekte, bei der eine erstaunlich hohe Summe zusammenkommt, zehntausend Franken. Aber nicht einhunderttausend. Doch sie hatte sich darauf versteift und fordert weiter eine größere Summe. Das ganze Wochenende über wiederholt sie immer wieder: »Ich will.« Und das Wunder geschieht: Am Sonntagabend tritt ein Herr an mich heran. Er übergibt mit einen Umschlag und sagt: »Wenn Sie das bitte Schwester Emmanuelle aus Kairo geben würden ...« Er wünscht anonym zu bleiben. Von Natur aus neugierig kann ich nicht anders und öffne den Umschlag. Er enthält einen Scheck über einhunderttausend Franken. Überaus zufrieden trete ich an Schwester Emmanuelle heran und sage: »Hier hast du deine hunderttausend Franken!« Sie stößt einen Schrei aus: »Ich habe es gewusst!« Dann reißt sie mir den Umschlag aus der Hand. Im selben Ton wie sie sage ich nun zu ihr: »Du hast, was du wolltest, nun gib du mir die zehntausend Franken aus der Kollekte zurück!« Sie protestiert lebhaft. Und es ist sinnlos sich mit ihr anzulegen und ein Ding der Unmöglichkeit, das Geld zurückzubekommen. Aber man kann davon auch lernen.

Einige Zeit nach der Geschichte mit Schwester Emmanuelle erhalte ich einen Anruf vom Bistum. Als Präsident des Apostolats für das Gebet werde ich gebeten, eine alte Dame zu besuchen, die im Sterben liegt. In Begleitung von Georges begebe ich mich zu ihrem Wohnsitz. Sie liegt im Bett. An ihrer Seite sitzen ein Notar und ihr Arzt. Sie glaubt, dass sie sterben werde und möchte ihre Angelegenheiten regeln. Die alte Dame hat sehr viel Geld. Sie fängt an zu reden. »Ich habe die Stadt Fribourg gebeten, mir jemanden zu schicken. Aber es ist nie jemand gekommen. Ich war Mitglied im Apostolat für das Gebet und würde mein Geld gern für einen Wohltätigkeitsverein spenden. Können Sie mir einen empfehlen?« Es gibt viele solcher Vereine. Ich zähle einige auf, aber sie möchte ihr Geld keinem Fribourger Verein geben, sondern an eine ausländische Gruppe oder Gemeinschaft. Spontan fallen mir ein: »Mutter Teresa oder Schwester Emmanuelle in Kairo?« Sie entscheidet sich für Mutter Teresa und bittet mich, als Vermittler zu fungieren. Ich rufe eine Bekannte beim Verein Mutter Teresa an und erkläre ihr, dass eine alte Dame wünscht, dem Verein sechs Millionen Schweizer Franken zu überweisen. Das ist eine astronomische Summe. In derselben Woche stirbt die Dame. Ich werde vom Notar für eine Unterschrift herbestellt. Ich schicke den Scheck ab. Er kommt zurück und mit ihm ein in Englisch geschriebener und von Mutter Teresa unterzeichneter Brief, in dem im Großen und Ganzen Folgendes steht: »Hier in Kalkutta stirbt man in Würde. Bei euch bringt man sich um. Behalten Sie das Geld für sich.« Was für eine Ohrfeige. Sie lehnt es ab. Gemeinsam mit dem Notar beschließen wir also, das Geld an Schwester Emmanuelle nach Kairo zu schicken. Da ich sie kenne, weiß ich, dass sie anders reagieren wird. Und genau so ist es auch. Als sie das Geld erhalten hat, ruft sie mich an »Ich habe das Geld bekommen, aber es ist seltsam, es ist keine runde Summe, da sind ein paar Cents! Du hast doch nicht etwa was für dich behalten?«

Im gleichen Jahr haben wir eine eindrucksvolle eucharistische Anbetung, die bei den Gemeinschaften der verschiedenen Diözesen der französischen Schweiz großen Anklang fand. Die Sonntagsmesse ist eine regelrechte Ermahnung an die Jugend, das Land zu evangelisieren. Die folgenden Jahre sind ebenso befriedigend. Die Veranstaltung wird geschätzt und anerkannt. Ich bin glücklich darüber, meinem Idealbild vom Engagement für die Evangelisierung folgen zu können. Ich spüre den Wunsch, ein Buch über das Leben in den Klöstern der französischen Schweiz zu schreiben. Doch es findet sich kein Verleger, der das finanzielle Risiko auf sich nehmen möchte. Man sagt mir, das Projekt sei interessant, aber es gebe nicht das Publikum dafür. Wir entwickeln die Idee innerhalb des Komitees von *Prier Témoigner* weiter, und wir beschließen, den Sprung ins kalte Wasser zu wagen. Das Buch heißt *Rencontres au monastère* (*Begegnungen im Kloster*). Die Mutter Oberin vom Kloster Maigrauge in Fribourg empfiehlt mir, mich für das Vorwort an Georges Haldas, einen sehr beliebten Schweizer Autor, zu wenden. Ich beschließe, zur Buchmesse nach Genf zu fahren, wo er seine Bücher signiert. Ich habe mehrere seiner Bücher gelesen, finde sie aber offen gesagt schwierig. Ganz spontan spreche ich den Schriftsteller an: »Guten Tag, ich habe mehrere Ihrer Bücher gelesen und finde sie ziemlich kompliziert …« Er lässt mich nicht einmal zu Ende reden, sondern unterbricht mich rüde mit den Worten: »Ah, noch so ein Idiot!« Ich entschuldige mich dafür, so ein Idiot zu sein, und er lädt mich ein, etwas mit ihm zu trinken. Wir verlassen den Stand zusammen und setzen uns an einen Tisch. Ich stelle ihm das Projekt *Begegnungen im Kloster* vor. Er findet die Idee gut und ist bereit, das Vorwort zu schreiben. Wir sollten zwölftausend Exemplare verkaufen – ein großer verlegerischer Erfolg für die französischsprachige Schweiz.

Zwei Jahre später setzen wir ein weiteres verrücktes Projekt in die Tat um. Wir beschließen, unter dem Titel *Ascende huc* (*Steige hier zu uns herab*) ein Album mit religiösen Gesängen herauszubringen, das vom Walliser Vokalensemble Rives du Rhônes, einem Zentrum für junge Drogenabhängige, aufgenommen wurde. Einmal mehr warnen uns die Profis vor diesem Schritt. Doch wir verkaufen fünfundzwanzigtausend Exemplare und erhalten darüber hinaus noch eine goldene Schallplatte! Dennoch geht es nicht um

Geld. Ich verteile immer den gesamten Gewinn an jene, die Hilfe brauchen.

Meine Begegnung mit Georges Haldas sollte nicht fruchtlos bleiben. Im darauffolgenden Jahr lud ich ihn zum jährlichen Treffen vor *Prier Témoigner* ein. Er ist ein zurückhaltender Mensch, der nicht gern im Rampenlicht steht. Dennoch ist er bereit, seinen Glauben zu bezeugen. Inzwischen ist er achtzig Jahre alt, er kann nicht mehr gut gehen. Mit einer riesigen Zigarre im Mund betritt er die Aula der Universität, setzt sich dann mühsam hin und wartet. Die Aula ist proppenvoll. Es sind nur junge Leute da. Georges Haldas wirkt unter all diesen Menschen wie ein Außerirdischer. Er ist kahlköpfig und trägt eine dicke Brille. Die jungen Leute beäugen ihn, während sie einen ziemlichen Lärm machen, was wenig respektvoll wirkt. Nach ein paar Minuten des Wartens nimmt er seine noch brennende Zigarre aus dem Mund und steckt sie so in seine Tasche. Ein schallendes Gelächter ist zu hören, vermutlich halten sie ihn für einen alten Irren. In diesem Moment steht er auf und schreit: »Ihr seid alle, allesamt Schweine!« Plötzlich ist es mucksmäuschenstill in der Aula. Und er fängt an zu reden. Er spricht über die Quelle, den Ursprung, ohne irgendwelche Notizen, genau eine Stunde lang. Dann schweigt er. Alle sind verblüfft, keiner weiß, was er sagen soll. Er hat uns alle durcheinandergebracht. Man spürt, dass er einen tiefen Glauben in sich trägt. Ich gehe aus dem Saal und bin bis ins Innerste meiner Seele erschüttert. Er sollte alles aufschreiben, was er denkt, die Menschen brauchen etwas, das so nahrhaft ist. Er weiß, welche Worte man wählen muss, um das Leiden zu mildern.

Eines Abends besuche ich ihn zusammen mit einem Grafiker. »Du musst aus deinem Vortrag ein Buch machen, das ist deine Pflicht!« Er sieht mich spöttisch an. »Du bist noch immer der gleiche Idiot, Daniel, hab ich recht?« Anstelle einer Antwort bietet er uns ein Glas Rotwein an. Der Grafiker macht ihm ein paar Vorschläge. Mir liegt vor allem am Herzen, Christus und seine Botschaft der Liebe besser bekannt zu machen. Vergebens. Wir verlassen Georges Haldas spät abends. Er schreibt das Buch noch in derselben Nacht. Er nennt es *Le livre des trois déserts* (*Das Buch von den drei Wüsten*), ein kleines, feines Buch auf kostbarem Papier. Darin breitet er seine Gedanken über die drei Wüsten unserer modernen Welt aus: die Sandwüste, die Wüste der Gesellschaft und die Wüste der Intimität. Das Buch ist ziemlich erfolgreich. Georges Haldas war einer meiner Meister. Ich fühle mich ihm sehr verbunden, seine Worte waren mir über viele Jahre hinweg eine Stütze.

Mit Georges Haldas habe ich auch eine kleine Bibelreihe herausgebracht. Die Idee kam mir durch eine ganz persönliche Erfahrung. Mit siebzehn Jahren erhielt ich eine Bibel aus Jerusalem. Ich fand einen Platz für sie in der Bibliothek, wo ich sie einige Jahre später wieder hervorholte, damals, in Einsiedeln. Es hatte sich die Gelegenheit ergeben, dass mir ein Mönch die Geschichten der Bibel erklärte. Er erzählt mir alles über die Abenteuer von Jonas, David, Moses. Und weil er ein großes Talent zum Geschichtenerzählen hatte, ergab alles einen Sinn. Der Mönch hatte verstanden, dass er mir die Geschichten zunächst detailreich erzählen und in meiner Fantasie zum Leben erwecken musste, um mir Lust am Lesen zu machen.

Hier entstand mein Wunsch, auch anderen das außergewöhnliche Leben der biblischen Persönlichkeiten zugänglich zu machen und vor allem jedem von uns die Bibel nahezubringen. Seit damals empfinde ich nichts als Glück, wenn ich diese Texte lese. Ich sagte mir also, die Bibel wäre besser zugänglich, wenn es jemanden gäbe, der die Verbindung zwischen Bibel und Leser herstellt, so wie es damals der Mönch für mich getan hat. Vor allem, weil die Bibel, insbesondere das Neue Testament, auf den Erlebnissen von Menschen basiert, die Christus begegnet sind. Worauf es ankommt ist also, es dem Leser zu ermöglichen, diese starken Begegnungen mit den biblischen Persönlichkeiten neu aufleben zu lassen – mit der Hilfe zeitgenössischer Autoren. Als ich den Menschen in meiner Umgebung von dem Projekt erzählte, stieß ich auf viel Zustimmung, und so beschloss ich, es in die Tat umzusetzen. Zunächst mussten wir eine Linie finden. Wir entschieden, dass der jeweilige Autor eine Persönlichkeit aus der Bibel aussucht, die ihn geprägt hat und diese Geschichte für den Leser neu aufschreibt, sodass dieser Lust bekommt, den Ausgangstext selbst zu lesen. Ich wollte, dass der Autor erklärt, wie er die besagte Persönlichkeit heute wahrnehmen würde. Ich wollte, dass sein Zeugnis in der Wirklichkeit seines alltäglichen Lebens verankert ist. George Haldas war mit *Maria Magdalena* der erste Schriftsteller, der sich an dieser Reihe beteiligt hat. Seit das erste Buch erschienen ist, haben wir weitere geplant: *Apostel Thomas* von Pater Guy-Thomas Bedouelle, einem Filmkritiker, und *Paulus von Tarsus* von Jean-Michel Poffet, einem Professor an der Fribourger Universität.

Ich bin jenem Menschen dankbar, der mir damals das Apostolat für das Gebet aufgedrängt hat. Das Vertrauen, das er mir entgegenbrachte, hat mir sehr viel Kraft gegeben. Er hat mich inspiriert, indem er mich zwang, zu handeln. Im Übrigen konnte ich ihm wenige Stunden, bevor er starb, noch persönlich danken. Er antwortete und dieses Gespräch an der Schwelle des Todes hat mich tief bewegt.

Und doch: Eines Tages wusste ich, dass ich meine Aktivität für *Prier Témoigner* beenden musste. Valérie hielt es nicht mehr aus. Ich hatte zu sehr alles ihr überlassen, sie war am Ende ihrer Kräfte. Die Arbeit verlangte mir alles ab, und ich war mit Leib und Seele dabei. Ich suchte den Sohn des ehemaligen Präsidenten des Vereins auf und ging auf dieselbe Weise vor, wie dieser es einst getan hatte. Ich kam mit sämtlichen Aktenordnern unterm Arm bei ihm an, legte sie auf den Tisch und sagte entschlossen: »Ich habe eine Ahnung. Du musst die Präsidentschaft für *Prier Témoigner* übernehmen.« Er lehnte ab, doch ich erwiderte nachdrücklich: »Es ist einfach so!« Dann ging ich. Er ist noch immer der Präsident, seit über fünfzehn Jahren. Ich habe nie bereut, alles aufgegeben zu haben. Reue ist übrigens ein Gefühl, das ich nicht kenne. Die Dinge entwickelten sich weiter, der Verein wurde größer und ich fing an, mich zu stressen. Ich fühlte mich zunehmend unsicher. Ich fürchtete, all dem nicht mehr gewachsen zu sein. Heute gibt es *Prier Témoigner* noch immer und sie ist eine sehr wertvolle Organisation.

Die Anzeige

Zu Ostern 1989 wenden sich zwei Religionslehrerinnen an den Oberen eines religiösen Ordens im Kanton Fribourg. Es ist der Orden der Kapuziner und die Frauen tragen einen Verdacht in Hinblick auf Pater Joël Allaz vor. Der Obere schickt die beiden Frauen zu ihm. Doch Joël Allaz lässt sich gar nicht erst auf das Thema ein. Er weigert sich, überhaupt ein Problem zu sehen. Und das Bistum versichert den Lehrerinnen, es sei nichts vorgefallen. Einige Zeit später organisieren wir im Rahmen von *Prier Témoigner* ein Treffen in Fribourg. Anwesend sind auch die beiden Frauen, die versucht haben, den Pater wegen seiner Machenschaften anzuzeigen. In diesem Zusammenhang begegne ich Thibault. Dem Kleinen geht es nicht gut. Er steht da vor mir. Ich beobachte ihn. Er ist wie ein Spiegel meines eigenen Ichs als Junge. Ich erkenne mich in ihm wieder. Und es drängt sich mir auf, was offensichtlich ist: Ich spüre, dass er unter den gleichen Qualen leidet wie ich als Kind. Ohne weitere Überlegung stelle ich ihm dieselbe Frage, die mir meine Großtante damals gestellt hat. Er bejaht ohne zu zögern, und ich muss zu meinem großen Erstaunen feststellen, dass wir von dem gleichen Mann vergewaltigt worden sind. Ich kann es nicht fassen. Zwanzig Jahre später treibt Pater Joël Allaz noch immer sein Unwesen. Am 14. April 1989 wende ich mich an den Bischof von Lausanne, Genf und Fribourg, Périsset, und informiere ihn über das Geschehen. Er sagt zu mir: »Ich glaube Ihnen.« Es ist sehr wichtig, dass er mir auf Anhieb glaubt, dass er nicht eine Sekunde bezweifelt, was ich sage. »Aber ich brauche einen Beweis, um handeln zu können«, fügt er noch hinzu. Ich gehe und versichere ihm, den Beweis zu finden und ihm vorzulegen. Mein Gehirn arbeitet auf Hochtouren, Erinnerungen kehren zurück, Bilder kommen an die Oberfläche. Ich habe den Beweis schon. Pater Joël Allaz hat ein auffälliges Mal an seinem Körper. Ich kehre zu dem Würdenträger zurück. Der Vergewaltiger wird einbestellt, und nach etlichen Stunden des Gesprächs überführt Bischof Périsset Pater Joël Allaz anhand meiner Angaben. Angesichts der Beweislage ist dieser gezwungen, endlich zu gestehen. Er kotzt seine ganze Geschichte förmlich aus. Allerdings behauptete er, ich sei das einzige Opfer. Der Obere der Schweizer Kapuziner bittet mich zu sich, um meine Aussage zu überprüfen. Er gibt zu, dass er mit Blick auf seinen Kollegen, Pater Allaz, etwas verwirrt ist, weil er seit Jahren keine Berichte mehr über seine Aktivitäten liefere. Bischof Périsset versichert mir, dass der Priester versetzt wird und auch kein Pfarramt mehr erhält, damit er keinen Schaden mehr anrichten kann. Außerdem werde er sich in psychologische Betreuung begeben.

Die Konfrontation mit dem kleinen Thibault und seinem Leiden ist es, die mein eigenes Martyrium wieder wachgerufen und in mir das Bedürfnis geweckt hat, darüber zu sprechen. Ich vertraue mich auch Guy Gilbert an, der mir im November 1992 folgende Zeilen schreibt: »Ich habe lange über das nachgedacht, was du mir anvertraut hast. Habe keine Angst, diesen Priester zu verfolgen, wo auch immer er sich aufhält..., ihn anzuzeigen und alles zu tun, damit die Unschuld, die er verhöhnt, respektiert wird. Du trägst eine Verantwortung. Und du machst dich schuldig, wenn du diesen notwendigen Kampf nicht bis zu Ende führst. Ich bete für dich.«

Die Unterstützung durch einen Priester, den ich bewundere, war wirklich außerordentlich wichtig, weil seine Worte bewiesen, dass ich recht damit hatte, mich aufzulehnen. Den Leidensweg des kleinen Thibault aufzudecken, hat etwas in mir ausgelöst. Ein Prozess wurde in Gang gesetzt, ohne dass ich ihn angestoßen hätte. Ich vertraute Bischof Périsset, dass Pater Allaz, einmal überführt, niemandem mehr schaden würde.

Doch im Mai 2000 nimmt ein befreundeter Journalist Kontakt zu mir auf. Er möchte einen Artikel über Priester schreiben, die sich an Kindern vergangen haben. Gerüchte über diverse Mitglieder des Klerus kommen in Umlauf. Da ich stark in die Kirche eingebunden bin und über ein umfangreiches Netzwerk verfüge, geht er von der Annahme aus, dass ich vielleicht jemanden kenne, der von einem Priester missbraucht worden ist. Zunächst verneine ich seine Frage. Er bittet mich also darum, mich einmal umzuhören, und ruft etwas später erneut an. Ich lasse alle Zügel fallen und sage: »Ich habe niemanden gefunden, aber wenn sich niemand anderes meldet, kann ich selbst Zeugnis ablegen.« Dieses Geständnis erschüttert den Journalisten zutiefst, weil er sich ein ganz anderes Bild von mir gemacht hatte. Er ist vollkommen sprachlos, als er erfährt, dass ich vergewaltigt worden bin – ich, der ich ein Buch mit dem Titel *Begegnungen im Kloster* verfasst habe, das ein leuchtendes, freundliches Bild von der Kirche zeichnet, ohne jeden Hass. Zum ersten Mal bin ich bereit, meine Geschichte zu erzählen, allerdings anonym. Freilich ist diese Anonymität nur bedingt gegeben, da in dem Artikel erwähnt wird, dass ich Messdiener in der Kathedrale von Fribourg gewesen bin. Da es zu meiner Zeit nur wenige Kinder gab, die diese Funktion innehatten, werden diejenigen, die sich in diesem Umfeld auskennen, schnell eins und eins zusammenzählen. Nachdem der Artikel erschienen ist, erhalte ich zahlreiche Telefonanrufe. Es ist, als würde eine Bombe einschlagen am heiteren Horizont des konformistischen Fribourg. Natürlich wollen die Leute nicht nur wissen, wer der Zeuge gewesen ist, auch der Name des Vergewaltigers wird gefordert, da in der Kathedrale viele Priester die Messe zelebriert haben. Ich teile dem Domdekan mit, dass ich selbst der Zeuge bin, und nenne ihm auch den Namen des pädophilen Priesters. Diese erste Offenbarung bleibt allerdings vorerst auf das klar definierte Umfeld der unmittelbar beteiligten Personen beschränkt. Doch der Weg ist geebnet, das erste Wort gefallen und die Maschinerie in Gang gesetzt.

Zwei Jahre später ruft mich ein anderer befreundeter Journalist an, der meine Geschichte kennt. Er wirkt ziemlich nervös und bittet mich um ein Treffen. Als er zu mir kommt, fragt er ohne viel Vorgeplänkel: »Ich werde einen kleinen Artikel schreiben, hast du einen Computer?« Da ich keinen mehr besitze, holt er seinen eigenen hervor. »Schau mal, Daniel. Und hör mir gut zu. Ich gehe auf Google und tippe *Joël Allaz* ein. Was siehst du?« Ich sehe es mir an, dort steht: »Pfarrer, Grenoble, verantwortlich für sieben Gemeinden«. Ich bin erschüttert. Mein Freund stößt auf diese Information, weil er Journalist ist und es sein Job ist, herumzuschnüffeln. Er hat sofort begriffen, dass irgendetwas nicht stimmt. Ich rufe sofort beim Offizial an, um die Sache zu klären. Wie kann es sein, dass Pater Allaz jetzt in Grenoble ist? Ich spreche Bischof Périsset an: Dieser erinnert sich an nichts, behauptet aber, alles getan zu haben, was getan werden musste. Er habe die Auskunft an die Kapuziner weitergeleitet. Daher geht er davon aus, dass die Sache geregelt ist. Das hilft mir nicht weiter. Ich wende mich an den Generalvikar, den ich gut kenne. »Schau im Archiv nach, ich will, dass du meine Akte findest.« Tatsächlich wurde sie in einem anderen Ordner abgelegt. Eine inhaltlose Akte, die zeigt, dass Bischof Périsset keinerlei Sanktionen gegen meinen Vergewaltiger eingeleitet hat.

Zu dem Zeitpunkt, als die zahlreichen Missbrauchsfälle aufgedeckt wurden, hatte ein Bischofswechsel stattgefunden. Der neue Würdenträger heißt Bernard Genoud. Er ist der Mann, der Valérie und mich auf unserem Weg zur Vermählung begleitet hat. Er kennt mich gut. Zu meinem Glück zweifelt er mein Wort in keiner Weise an. Er verhält sich großartig. Ich bin ihm sehr dankbar für sein Engagement in meiner Sache, und das gilt ebenso für seinen Stellvertreter, Generalvikar Rémy Berchier.

In dem Moment, als Monsignore Genoud die Angelegenheit in seine Hände nimmt, ahnt er noch nicht, welcher Tsunami über die Institution Kirche hereinbrechen wird und wie viele pädophile Priester aus ihren Löchern kriechen sollten. Parallel dazu setzt die Presse lautlos ihre Recherchen fort. Das Problem gewinnt so sehr an Interesse, dass das Fernsehen der französischen Schweiz beschließt, es in seiner Sendung *Temps présent* zu thematisieren. Wir haben September 2002, die Ereignisse sollten sich bald überschlagen. Es werden Zeugen gesucht. Zweihundertzweiundzwanzig missbrauchte Personen haben die Journalisten bereits interviewt. Sie wollen drei davon in die engere Auswahl nehmen, darunter einen, der seinen Glauben nicht verloren hat und nach wie vor praktizierender Katholik ist – ein seltener Fall. Bei ihren Recherchen stoßen sie auf den zwei Jahre zuvor erschienenen Artikel, in dem ich erkläre: »Ich habe mir den Glauben bewahrt.« Sie kontaktieren den Autor, um meinen Namen herauszufinden. Der Journalist gibt ihn nicht heraus, ruft mich jedoch an Ich informiere den Bischof über die geplante Sendung und frage ihn, was er davon halte. Und er sagt ohne Umschweife: »Du musst Zeugnis ablegen, du hast den Glauben bewahrt.« Und ich entgegne: »Aber du kommst mit mir mit, wir müssen beide reden. Wenn du nicht dabei bist, lehne ich ab.« Er willigt ein. Die Journalisten machen eine fantastische Arbeit, sie sind respektvoll und nennen die Dinge dennoch beim Namen. Ich denke, diese Erfahrung war eine der schönsten und intensivsten in meinem Leben. Zum Schluss der Sendung fragen sie mich: »Daniel, wer sind Sie heute?« Wie aus der Pistole geschossen antworte ich: »Ich bin ein aufrechter Mann!« Es ist das Schlusswort, aber der Beginn einer langen Geschichte, die mich vollkommen in Beschlag nehmen und überwältigen wird.

Tatsächlich reden einige Priester nach diesem Zeugnis nicht mehr mit mir, weil sie der Ansicht sind, ich hätte sie verraten. Ich komme mit dieser Zurückweisung nicht gut zurecht. Ich habe sie verraten, weil ich die Hölle meiner Kindheit preisgegeben habe. Für diejenigen, die mit meinem Vergewaltiger zu tun hatten und nur seine helle Seite kannten, bin ich ein Lügner. Ich habe einige Kommentare von Leuten zu hören bekommen, die nicht wussten, dass ich der Zeuge bin. Sie waren empört: »Wer so etwas über Joël sagt, ist ein Drecksker!« In gewisser Weise verstehe ich diese Menschen. Es ist so unendlich schwer zu glauben, dass ein Mann, den man gern hat und den man schätzt und der seine Arbeit gut macht, ein perverser Pädophiler ist, der unzählige Kinder zu seinen Opfern gemacht hat. An einem Abend hörte ich im Radio einen Mann, der sich umbringen wollte, nachdem er die Sendung *Temps présent* gesehen hatte. Es war sehr bewegend, denn auch er war das Opfer eines perversen Pädophilen. Es ist für mich sehr schmerzhaft, die Berichte von anderen Opfern zu hören. Ich spüre, dass ich die Probe, auf die mich mein Geständnis stellt, nicht ohne Hilfe von außen bewältigen kann, und nehme Kontakt zu meinem Psychiater auf. Es folgt eine regelmäßige Therapie, die mehrere Monate dauert.

Inzwischen sind dreizehn Jahre vergangen, seit ich Thibault begegnet bin. Es stimmt, ich bin stärker geworden seitdem. Ich spüre, dass mich die Psychotherapie voranbringt. Ich bin entschlossen, den Weg bis zu Ende zu gehen. Ich verlange eine Entschädigung für mich und alle anderen Opfer. Anfang Oktober 2002 nimmt Bischof Genoud Kontakt zu

Pater Allaz auf, der ihm versichert, dass er in den vergangenen dreizehn Jahren nicht rückfällig geworden sei und außerdem eine zeitlich begrenzte Psychotherapie absolviert habe. Später sollte allerdings herauskommen, dass es angesichts der Schwere seines Falls eine völlig unzureichende Behandlung war. Generalvikar Berchier beschließt daher, nach Grenoble zu fahren, um die Angelegenheit mit dem zuständigen französischen Bischof zu besprechen. Ich schicke eine Kopie der Sendung *Temps présent* an das Generalvikariat in Grenoble und schreibe darüber hinaus einen Brief an den Bischof, in dem ich ihm auseinandersetze, wie viele Menschen sich als Zeugen auf die Sendung hin gemeldet haben. Von einer Mutter wird eine Beschwerde gegen den aktuell in Frankreich tätigen Priester eingereicht, was hoffen lässt, dass mein Peiniger angezeigt wird. Bischof Genoud leitet das Schreiben an den zuständigen kirchlichen Richter, Joseph Magnon-Pujo, weiter. Dieser schreibt mir am 4. Dezember 2002 einen Brief, in dem er mir präzise Fragen stellt. Hier ein Auszug:

»1. Wie lauten Name und Adresse des betroffenen Kindes beziehungsweise seiner Mutter?

2. Wie gelangte das Kind an die Adresse des Priesters in Frankreich?

3. An welchem Datum kam es nach Frankreich und traf den Priester? Wo und wann war er ihm bereits in der Schweiz begegnet?

4. Wer hat das Treffen initiiert?

(...)«

Wenn man diese Fragen liest, wird einem klar, wie schwierig es ist, einen sexuellen Missbrauch anzuzeigen. Mit den folgenden Angaben antworte ich einige Tage später auf das Schreiben:

›Was den gegenwärtig in Ihrer Diözese ansässigen Pater Joël Allaz betrifft, habe ich Folgendes zu sagen: Vor dreizehn Jahren hätte er aller seiner Ämter enthoben werden und eine angemessene Therapie durchlaufen müssen. Wie Sie wissen, ist er durch das Bistum Lausanne-Genf-Fribourg offiziell als pädophil und von meinem Psychiater zudem als perverser Pädophiler eingestuft worden. Diese Person ist krank und sollte in einer Spezialeinrichtung untergebracht werden, in der es ihr nicht möglich ist, weiteren Schaden anzurichten. Allein mein Zeugnis hätte genügen müssen, dass die Kirche entsprechende Maßnahmen ergreift (...). Der Mut, den man braucht, um darüber zu sprechen, geht über jede Vorstellungskraft hinaus. Doch die Kirche ist sich nicht bewusst (oder will es nicht sehen?), dass ihr Verhalten dazu führt, dass sich jene Menschen, die darüber sprechen wollen, noch mehr verschließen. Der Weg, den ich in diesem Moment beschreiten muss um eine offizielle Anerkennung zu erbetteln, ist unvorstellbar schwer. Zum Glück bin ich in meiner Diözese sehr engagiert, sodass es unmöglich war, mich als Idiot abzustempeln (...). Heute bitte ich diese Kirche, die ich liebe, darum, den Mut aufzubringen, Licht auf ihre Fehltritte zu bringen und für die Verfehlungen gegenüber all den Kindern aufzukommen: Es ist erforderlich, dass eine gerechte und exemplarische Strafe erfolgt. Denn wie sonst ließe sich rechtfertigen, dass dieser Mann mich vier

Jahre lang ungestraft vergewaltigt hat? (...) Ich verfüge über eine Liste von Namen, die ebenfalls als Zeugen vernommen werden könnten. Aber ich habe nicht das Recht, an ihrer Stelle zu sprechen. Wenn diese Personen Kontakt zu den kirchlichen Behörden aufnehmen möchten, kann ich sie nur dazu ermutigen, aber dies müssen sie ganz frei entscheiden dürfen. (...) Ich kann sie nicht einfach bewusst mit jenen in einen Topf werfen, die glauben, dass es genügt, einmal etwas zu sagen und dann sei alles wieder gut. Ich versuche seit dreißig Jahren, mich neu aufzustellen und bin noch lange nicht am Ziel.«

Hier folgt das Antwortschreiben des kirchlichen Gerichts vom 15. Dezember. Ich hatte das Gefühl, dass es ihm nur recht war, dass ich die Namen der Zeugen nicht ohne ihre Einwilligung preisgeben durfte. Damit waren ihm die Hände gebunden, ohne dass es sich hätte schuldig fühlen müssen.

»Ich verstehe Ihr Leiden, dass die vergangenen Jahre nicht haben aufwiegen können, und wünsche Ihnen, dass die Gespräche mit Ihrem Psychiater dazu beitragen mögen, wenn nicht zu vergessen, so doch wenigstens Ihr Leiden zu mildern und Ihnen den Mut zu schenken, Ihr heutiges Leben leben zu können.

Aus Gründen der Diskretion, wie Sie sagen, dürfen Sie den Namen und die Adresse der Mutter, die Ihnen ihre Empörung und ihren Schmerz anvertraut hat, nicht ohne ihr Einverständnis preisgeben. Und Sie haben vollkommen recht damit.

Ich wünsche mir sehr, dass es Ihnen gelingt, die Mutter

zu überzeugen, dass sie mir direkt schreibt, da dies äußerst wichtig ist. So könnte ich mit ihr in einen Briefwechsel treten und sie sogar besuchen, denn es ist absolut notwendig, die Wahrheit darüber aufzudecken, was mutmaßlich in der Diözese von Grenoble vorgefallen ist, seit J.A. hierher gekommen ist.«

So viel dazu. Eine elegante Art und Weise, sich reinzuwaschen und die Sache nicht weiter zu verfolgen. Es geht also darum, das Geheimnis nicht aufzudecken. Bemerkenswert ist auch die Art der Formulierung, die einen Zweifel an der Aufrichtigkeit des Textes impliziert.

Am 7. Dezember 2002 besuchte mich Pater Ephrem Bucher, der Provinzial des Kapuzinerordens, in meiner Wohnung. Er äußerte sich mündlich zu mehreren Punkten:

»Pater Joël Allaz ist unter guter Obhut und hat Hausarrest; er wird mich über den weiteren Verlauf der Ereignisse und die getroffenen Entscheidungen in Kenntnis setzen. Außerdem wird er dir einen Entschuldigungsbrief schreiben wegen all des Leids, das er dir angetan hat.«

Diese Begegnung hat es mir leichter gemacht, einen Entschluss zu fassen: Gleich am darauffolgenden Tag stellte ich einen Antrag auf Entschädigung. Bei der Lektüre des Evangeliums gelangte ich zu der Überzeugung, dass dieser Antrag notwendig war, hatte ich dort doch gelesen: »Wer einen von diesen Kleinen, die an mich glauben, zum Bösen verführt, für den wäre es besser, wenn er mit einem Mühlstein um den Hals im tiefen Meer versenkt würde« (Mt. 18,6). Ich bin einer von diesen Kleinen, über die das Evangelium spricht, ein unschuldiges, vertrauensseliges Kind, das von einem Priester missbraucht wurde. Dieses Erlebnis hat mich zerstört und ich brauchte zwanzig Jahre und musste erst einem anderen kleinen Jungen begegnen, damit die Erinnerung, die ich versteckt hielt und unbewusst aus dem Gedächtnis gestrichen hatte, wieder an die Oberfläche gelangen konnte. Ich musste weitere sechs Jahre warten und eine erste Psychotherapie durchlaufen, um mit den mir nahestehenden Personen darüber sprechen zu können. Ich wuchs mit Ängsten, Panikattacken und allen möglichen Problemen auf. Trotz allem jedoch habe ich es mit Gottes Hilfe sowie der Unterstützung meiner Frau und meiner engsten Freunde geschafft, dem Tod zu entgehen. Und ich konnte mir meinen Glauben bewahren.

Ein Fehlurteil von Bischof Périsset führte zu einer Versetzung meines Peinigers und bot ihm somit die Gelegenheit, rückfällig zu werden. Ich habe nie ein Schreiben erhalten, in dem der an mir begangene sexuelle Missbrauch offiziell anerkannt worden wäre. Mir wurde keinerlei Unterstützung zuteil. Weder die Pfarrgemeinde noch die Schweizer Provinz der Kapuziner haben sich jemals für mich als Opfer interessiert. Zu diesem Zeitpunkt meines Lebens spürte ich, dass es für mich notwendig war, von der Kirche offiziell als Opfer anerkannt zu werden, um mich wieder aufrichten zu können. Der einzige Weg, den ich sah, bestand darin, eine Entschädigungssumme zur Wiedergutmachung zu verlangen. Auf diese Weise wollte ich erreichen, dass mir Gerechtigkeit zuteil und die Wahrheit ans Licht kommen würde. Ich beschloss also, bei den Kapuzinern einen Antrag auf Entschädigung zu stellen, und schrieb zu diesem Zweck am

8. Dezember 2002 an Ephrem Bucher. Ich berief mich außerdem auf das Versprechen von Bischof Périsset und dem damaligen Offizial der Diözese, Pater Allaz seines Pfarramtes zu entheben und ihn zu einer Therapie zu verpflichten. Ich teilte ihm außerdem mein Befremden über die Versetzung meines Vergewaltigers mit – ein Fehlurteil, das es ihm ermöglichte, anderswo seinen Neigungen anonym nachzugehen. Ich beschwerte mich darüber hinaus über die Tatsache, dass sich die Kapuzinermönche von Fribourg, die mich gut kennen, nie darum gekümmert haben, wie es mir geht, und stattdessen sogar noch von meiner Naivität und Freundlichkeit profitiert haben. Ich verlieh meiner Verwunderung Ausdruck, dass mir weder die Pfarrgemeinde noch die Provinz der Kapuziner jemals ein Schreiben zukommen ließ, mit dem sie ihre Verantwortung anerkannt hätten. Dann erwähnte ich meine Kontakte und die Ermutigungen durch Bischof Genoud, meinen Kampf um Anerkennung fortzuführen. Zuletzt forderte ich eine schriftliche Erklärung und Entschuldigung von Pater Allaz. Da ich keinerlei Antwort vom Provinzial erhielt, wiederholte ich meinen Antrag im April 2003:

»Da ich (...) seit nunmehr vier Monaten vergeblich auf eine Antwort von Ihrer Seite warte, erlaube ich mir, Ihnen erneut zu schreiben, um Sie an Ihre mündlichen Versprechen zu erinnern (...). Ich erwarte demzufolge, dass Sie mir postwendend eindeutig mitteilen, ob Sie Pater Joël Allaz getroffen haben und, wenn ja, was dies zur Folge hatte: welche Entscheidung innerhalb des Ordens bezüglich seiner Person getroffen wurde; welche Entscheidung hinsichtlich meines

Antrags auf Entschädigung und der Gerichtskosten gefällt wurde und darüber hinaus, wo der Entschuldigungsbrief ist, auf den ich noch immer warte.«

Ich präzisierte außerdem, dass ich »bisher Mut und Geduld gezeigt habe, (...) und ich wiederhole noch einmal, dass ich darauf bestehe, Pater Joël Allaz von allen seinen Funktionen zu entbinden, damit er keinerlei Amt mehr innehaben kann und vor allem strengstens kontrolliert wird«.

Zwei Tage später erhielt ich folgende Antwort:

»Ihre entschlossene Haltung hat mich bewogen, Ihnen von meinen bisherigen Unternehmungen zu berichten. Sie können beruhigt sein, denn ich habe das meiste dessen, was getan werden muss, bereits unternommen und sogar noch etwas mehr als das. (...) Ich darf Sie darüber informieren, dass ich in Frankreich gewesen bin und Ihre Forderungen persönlich übergeben habe. (...) Pater Joël Allaz hält sich nicht mehr in Grenoble auf, sondern in einem Kloster in der Nähe von Lyon, wo er von jeder pastoralen Tätigkeit ausgeschlossen ist. Er hat keinerlei Kontakt mehr zu Personen außerhalb der Klostermauern. (...) Pater Joël Allaz behauptet nachdrücklich, dass sich kein weiterer Fall ereignet habe. Allerdings war nicht zu erwarten, (dass er) etwas anderes sagen würde.

Darüber hinaus hat der hiesige Bischof eine offizielle kirchenrechtliche Untersuchung bezüglich der neuen Verdachtsfälle angeordnet; diese hat allerdings keine neuen belastenden Tatbestände ans Licht bringen können. (...) Ich habe mich zu einem Seminar am psychologischen Institut Zürich angemeldet, das speziell auf Verantwortungsträger zugeschnitten ist. Der Kurs wird im Juni stattfinden. (...) Die Frage einer Entschädigung wird augenblicklich noch diskutiert. (...) Was hingegen den Entschuldigungsbrief betrifft, so muss ich Sie vertrösten. Ich schäme mich dafür. (...)

Was mich an Ihrem Brief stört, und dies möchte ich Ihnen als Schlusssatz mitgeben, sind der aggressive Ton und Ihre plötzlichen Drohungen, alle möglichen Maßnahmen ergreifen zu wollen. Seien Sie gewiss, dass ich nicht Ihr Feind und durchaus darüber entrüstet bin, dass derartig skandalöse Fälle in unseren Reihen zu beklagen sind.«

Auch wenn ich zufrieden darüber bin, dass der Provinzial die Dinge ziemlich ernst nimmt – vor allem, weil er versucht, sich über das Thema Pädophilie zu informieren –, fühle ich mich dennoch gezwungen, ihm noch einmal zu schreiben, um einige Punkte zu präzisieren. Hier ein Auszug aus meinem Brief vom 24. Mai 2003:

»Ich habe von einer sicheren Quelle erfahren, dass Pater Joël Allaz zweimal in der Schweiz war, und zwar im April 2003 und im Mai 2003. Übrigens hat er einem seiner Familie nahestehenden Priester gegenüber behauptet, eine Ausbildung absolvieren zu wollen, um sich dann in Lyon um ältere Menschen kümmern zu können

Sie werden verstehen, dass ich mich in diesem Moment einmal mehr verraten fühlte – hatten Sie mir doch versichert, dass er niemandem mehr schaden könne und weggesperrt sei. Dies ist nicht der Fall. (...) Es ist eine Zumutung, dass Pater Joël Allaz ein weiteres Mal versetzt worden ist. Dadurch kann er seinem Weg weiter folgen und sich ein ›neues Leben‹ aufbauen an einem Ort, an dem ihn keiner kennt. (...) Darüber hinaus hat er weder ein spürbares Zeichen der Reue mir gegenüber gezeigt noch mich um Vergebung gebeten. Ich erwarte dies ausdrücklich. Ich verlange, dass Pater Joël Allaz offiziell jedes kirchlichen Amtes enthoben und ihm der Priesterstatus entzogen wird. Ich wünsche, dass er als Mönch unter Aufsicht lebt, sodass er keinen weiteren Schaden anrichten kann. Es scheint mir absolut notwendig zu sein, schriftlich festzuhalten, dass Pater Joël Allaz keinerlei Kirchenamt ausüben darf. Ebenso wichtig scheint mir, dass seine Ordensbrüder angemessen für ihr Schweigen und die unterlassene Hilfeleistung gegenüber einer in Gefahr befindlichen Person bestraft werden. (...)«

Es ist offensichtlich: Ich musste hart kämpfen, um mein Ziel zu erreichen. Die Kapuziner taten sich schwer mit der Überweisung der von mir geforderten Entschädigungssumme, was sie am 7. Juli 2003 schließlich taten. Von der Kirche hingegen erhielt ich den geforderten Betrag bereits im April 2003. Tatsächlich hat Bischof Genoud postwendendend auf meinen Brief geantwortet. Seine Worte waren wie Balsam für mich. Zum einen, weil er mich als Opfer anerkennt: »Ich möchte dir für deine bemerkenswerte Kraft und deinen Mut danken, die du auf diesem schmerzvollen Weg unter Beweis gestellt hast. Ich habe dir immer wieder gesagt, wie sehr ich dich dafür bewundere, dass du es geschafft hast, zu sprechen und dabei eine solche Milde gegenüber der Kirche walten zu lassen, obwohl dich eines ihrer Mitglieder so unwürdig behandelt hat.« Zum anderen, weil er mich im Namen der Kirche um Verzeihung bittet: »Kann es Worte geben, um die Qualen zu beschreiben, die du erlitten hast? Ich weiß es nicht, aber ich weiß, dass es eins gibt, das ich heute aussprechen möchte: Verzeihung! Ja, mit diesem Brief bitte ich dich aus tiefstem Herzen um Verzeihung für all die Leiden und Qualen, die dir, und ich schäme mich dafür, von einem Mann der Kirche angetan wurden.«

Ich wurde als Opfer eines Kapuzinermönches und Vergewaltigers anerkannt, vonseiten der Kirche und vonseiten der Ordensgemeinschaft. Beide haben mir eine Entschädigungssumme überwiesen. Leider kann das Geld die Wunde nicht heilen, die in meinen Leib gebrannt ist. Ich muss zugeben, dass mir der Orden von Pater Allaz zugehört hat, auch wenn mein Wort zunächst angezweifelt wurde. Tatsächlich wurde ich einbestellt und befragt; man wollte Beweise sehen, sichergehen, dass ich nicht lüge. Ich kam ins Kloster zurück und sagte: »Folgen Sie mir, ich führe Sie durch das Haus. Das hier war das Foto-Zimmer, nicht wahr? Und jetzt gehen wir rauf in die obere Etage. Ah, hier hat sich alles verändert, nichts ist mehr, wie es war. Hier war eine verglaste Tür. Machen wir weiter?« Es war nicht nötig, fortzufahren. Es war offensichtlich, dass ich den Ort in und auswendig kenne. Ich habe sogar eine Zeichnung von dem Zimmer angefertigt, in dem Pater Joël Allaz wohnte. Einige hatten bemerkt, dass mit ihm etwas nicht stimmte. Einigen war nicht entgangen, was er veranstaltete, hinter verschlossenen Türen und Rollläden, zweimal in der Woche allein mit einem Kind in seinem Zimmer. Was tat er da wohl? Damals sagte ich mir, dass sie wohl nicht sahen, was passierte. Konnten sie sich überhaupt vorstellen, wie die Realität im Zimmer

eines Vergewaltigers aussieht? Später halfen die Kapuzinermönche der Richterin Yvonne Gendre, indem sie eine Liste
der Orte anfertigten, an denen sich Pater Allaz aufgehalten
hatte. Leider waren inzwischen viele Personen verstorben.
Die Untersuchung hat ergeben, dass er sich auch an behinderten Kindern vergangen hatte, die kein Zeugnis ablegen
konnten. Schließlich konnte die Gemeinschaft der Kapuziner Pater Allaz im Jahr 2004 dazu bewegen, mir zu schreiben. Hier sein Brief:

»Daniel, guten Tag,

ich bin mir vollkommen bewusst, dass ich dir hätte
früher schreiben müssen.

Aber die Scham zwang mich zu schweigen. Ich
wusste nicht, was ich sagen sollte. Was ich aufs Papier schrieb, schien mir unpassend, und ich musste
fürchten, Sie nur noch mehr zu verletzen ...

Heute versuche ich es.

Ja, es ist wahr: Ich habe Ihnen Leid angetan, viel
Leid. Ich habe Ihre kindliche Integrität zutiefst verletzt, Ihr Vertrauen missbraucht.

Ich gestehe, dass mein Verhalten Ihnen gegenüber
hassenswert und grausam war.

Ich weiß, dass es dafür keine Entschuldigung gibt:
Ich war erwachsen, Sie waren ein Kind.

Ja, ich bin verantwortlich für die Wunden, die Ihnen zugefügt wurden.

Ich möchte Sie um Vergebung bitten, doch ist das
überhaupt möglich? (...)

Bitte verzeihen Sie meine Ungeschicktheit. Ich hätte Ihnen das gern besser gesagt. Aber wie? Im Moment habe ich nur diese geringen Worte.

Ich bitte Sie, Daniel, mein armseliges Vorgehen zu entschuldigen, verstehe aber auch, wenn Ihnen das schwerfallen sollte.«

Dieser Brief hat mich erleichtert. Endlich hatte mich mein Vergewaltiger als Opfer anerkannt.

Heute finde ich es unzumutbar, dass dieser Priester noch immer frei herumlaufen darf wie eh und je. Die Gesamtzahl der von ihm missbrauchten Kinder liegt etwa bei einhundertfünfzig. Und solange es Pädophilie gibt, werde ich weiterkämpfen. Ich bin nicht bereit, meinen Mund zu halten.

Nach und nach werden immer mehr Fälle bekannt und irgendwann ist ganz Europa alarmiert, weil das Horrorszenario sichtbar wird, das stillschweigend und über Jahrzehnte hinweg in dunklen Hinterzimmern und schmutzigen Schlafzimmern zu Hause war. Weitere Fälle konnten aufgedeckt werden und mit der Sendung *Temps présent* an die Öffentlichkeit gelangen. Nach der Ausstrahlung wurde ich von der sensationslustigen Presse geradezu bestürmt. Es war nur schwer auszuhalten, weil die betreffenden Journalisten wenig Rücksicht nahmen auf die Traurigkeit und Zerbrechlichkeit der Zeugen. Doch ich saß in der Falle und ich konnte mich nicht wehren. Ich wurde auch von Menschen aufgesucht, die vergewaltigt worden waren, um sich mir, ihrem Leidensgenossen, anonym anzuvertrauen. Ich hörte von schrecklichen Erlebnissen und wurde mir dadurch bewusst, dass ich nicht allein bin. Es waren mehrere Hundert Menschen, die eine ähnliche Hölle durchlebt haben. Wirklich abartig. Einige meiner Äußerungen wurden verzerrt widergegeben, worüber der Bischof sehr betroffen war. Und tatsächlich wollten mich einige Journalisten unter allen Umständen dazu bringen, zuzugeben, dass ich in mir einen Hass auf die Kirche und ihre Vertreter spürte. »Du willst mir doch nicht weismachen, dass du nicht sauer bist! Du hast doch ein psychisches Problem!« Natürlich hatte ich Wut in mir, aber die richtete sich nicht gegen den Bischof. Und doch sollte diese ungeheure Pädophilie-Affäre Bischof Genoud im Jahr 2010 das Genick brechen. Zu plötzlich kam zu viel Grauen auf ihn zu. Irgendwann konnte er das alles nicht mehr verarbeiten. Mutig hatte er sich in mehreren Fernseh- und Radiosendungen zu Wort gemeldet, es war schrecklich. Ich jedenfalls habe ihm nichts vorzuwerfen. Ich finde, er hat großartige Arbeit geleistet. Er war offen, hörte zu und versuchte nicht, die Taten herunterzuspielen. Und er bemühte sich um eine offizielle Anerkennung der Opfer.

Die Ortskirche und ihre Verantwortlichen ließen sich von der staatlichen Justiz helfen. Es wurde eine Untersuchungskommission ins Leben gerufen. Dabei ging es zum einen darum, die Opfer anzuhören, die ihren Vergewaltiger anzeigen wollten, aber auch darum, die Missbrauchsfälle aufzulisten, um sie ahnden zu können, sollten sie nicht verjährt sein. Richterin Yvonne Gendre leistete beachtliche Arbeit. Sie hat die Opfer in verschiedene Kategorien unterteilt und die Akten von ungefähr sechzig Personen angelegt, die von Pater Allaz missbraucht worden waren, deren Fälle aber schon verjährt waren. Leider ist es zu spät, und der Peiniger muss für diese Schuld nicht mehr büßen, doch seine Opfer hinterlassen eine Spur. Die Richterin lädt mich ein, offiziell als Zeuge aufzutreten. Das fällt mir nicht gerade leicht. Doch ist es das erste Mal, dass sich eine Amtsperson, die den Staat vertritt, Zeit nimmt und die Mühe aufbringt, mich anzuhören. Die Kirche hatte mich zwar auch angehört, aber da ging es lockerer zu. Jetzt aber gibt es ein offizielles Dokument, das von einer Protokollantin während einer Gerichtsverhandlung aufgesetzt wird. Die Befragungen erfolgen auf höchst professionelle Art und Weise. Hier ein Auszug aus dem Brief, in dem es um das Verfahren gegen Pater Allaz geht:

»Ich möchte Ihnen ausdrücklich dafür danken, dass Sie während der Anhörung am 24. Oktober 2008 im Rahmen dieser schmerzhaften Angelegenheit als Zeuge aufgetreten sind. Es ist mir bewusst, dass das Wachrufen dieser schwerwiegenden Vergehen gegen Ihre Intimität nicht leicht gewesen ist. Ihr Zeugnis hat es uns ermöglicht – auch wenn es sich auf inzwischen verjährte Handlungen bezieht –, die Untersuchung fortzusetzen. Aufgrund von Kompetenzstreitigkeiten, die ich an dieser Stelle nicht erörtern möchte, bin ich dazu verpflichtet, die Angelegenheit an die französischen Behörden weiterzuleiten, um sie auf der Grundlage nicht verjährter Tatbestände weiter voranzutreiben. Ihre Aussage, die ein gewichtiges Element darstellt, wird ihnen ebenfalls übermittelt.«

Als ich angehört wurde, hatte ich die Gewissheit, dass es der Richterin gelingen würde, ihn hinter Gitter zu bringen. Meine Zeugenaussage war stichhaltig, zumal mir Pater Allaz einen Brief geschrieben hatte, in dem er den Missbrauch

144

an mir zugab. Der kleine Thibault, der damals zehn Jahre alt war, hätte ein belastender Zeuge sein können. Nach der Sendung jedoch kam seine Mutter zum Essen zu mir, und trotz meiner eindeutigen Aussage wollte sie nicht glauben, dass der Bischof sie angelogen hatte. Daher verzichtete sie auf eine Anzeige. Ich denke, sie zog es vor zu glauben, dass ich gelogen hatte.

Der Skandal um Pater Allaz sollte noch eine dramatische Wendung nehmen. Denn es ist nicht nur so, dass der Kapuziner zahlreiche Kinder zu Opfern machte, die ihm nicht nahestanden, sondern auch solche aus seiner eigenen Familie. Die Ereignisse hatten sich im Jahr 1992 in Grenoble abgespielt, wohin er versetzt worden war. Er lief frei herum und nahm in den Schulferien Romain bei sich auf, ein entferntes Mitglied seiner eigenen Familie. Pater Allaz missbrauchte ihn genauso wie alle anderen. Als die Mutter ihren Sohn in den Ferien zu dem Pater schickte, wusste sie nicht, dass sie ihr Kind damit in das Bett eines perversen Pädophilen legte, weil die Kirche die Tatsachen verschleiert hatte. Als sie meine Zeugenaussage im Fernsehen verfolgte, brachte sie dies mit den psychischen Problemen ihres Sohnes in Verbindung. Sie rief mich an, um den Namen meines Vergewaltigers zu erfahren. Ich weigerte mich, ihr den Namen zu nennen. Doch sie bestand darauf und fragte mich, ob es sich um Pater Allaz handele. Ich bestätigte ihren Verdacht und sie begriff auf einmal alles. Und brach zusammen.

Meine Anzeige hatte überall Schleusen geöffnet. Es war eine schreckliche Zeit. Eines Tages fand man am frühen Morgen auf dem Grab eines Priesters ein Schild mit der

Aufschrift »Pädophiler!«. Am darauffolgenden Sonntag hatten andere Leute ein weiteres Schild hinzugefügt, auf dem stand: »Du hast mich vergewaltigt.« Kein Mensch traute sich, die Plakate vom Friedhof zu entfernen – aus Angst, der Komplizenschaft mit dem Pädophilen beschuldigt zu werden. Die Stimmung verschlechterte sich zusehends. Es bildeten sich zwei Gruppen: auf der einen Seite die Familienangehörigen des Priesters, die nicht glauben wollten, was über ihren Verwandten gesagt wurde; auf der anderen Seite die Angehörigen der Opfer, die nicht wagten, ihren Groll öffentlich zu machen. All die Dramen, die durch mein Bekenntnis ausgelöst wurden, belasteten mich psychisch enorm. Mein Psychiater empfahl mir daher, die Interviews ab sofort zu unterlassen, da ich sie nicht mehr verkraften könnte. Ich brachte mich selbst damit ernsthaft in Gefahr.

Einen sexuellen Missbrauch anzuzeigen, ist eine sehr schmerzhafte Angelegenheit. Gleichwohl ist man von Gesetz wegen dazu verpflichtet, eine pädophile Tat anzuzeigen. Persönlich bin ich der Ansicht, dass zunächst sichergestellt sein muss, dass das Opfer über das sprechen kann, was ihm widerfahren ist, und auch angehört werden muss, damit ihm Hilfe zuteil werden kann. Am Anfang können es ein Arzt, ein Beichtvater, ein Lehrer oder Freund sein, die ihm zuhören. Niemand spricht über diese Dinge, weil jeder fürchtet, Schwierigkeiten zu bekommen. Das ist ein desaströser Zustand, aber so sieht die Realität aus. Und: Manchmal kommt es vor, dass im Zuge einer Anzeige Probleme auftauchen. Wenn sich ein Typ umbringt, weil Sie ihn wegen eines pädophilen Aktes angezeigt haben, kann das

146

für Sie problematisch werden. Man kann Ihnen sogar vorwerfen, seinen Tod provoziert zu haben, verantwortlich dafür zu sein. Es wäre also zu einfach gedacht, wenn man annehmen würde, mit der Anzeige komme alles wieder in Ordnung. Die Wirklichkeit ist weitaus komplexer. Selten geht es nur darum, die Bösen zu bestrafen und die Guten zu entschädigen. Aber warum ist das so? Wenn man sich dazu entschließt, einen Missbrauch anzuzeigen, ist einem die ganze Zeit bewusst, dass man eine Familie zerstören wird. Serienvergewaltigungen, die sich von Generation zu Generation fortsetzen, gibt es in der Kirche genauso wie in den Familien. Und auch wenn mit dem Beginn der ersten Anzeigen ein Zentrum für Opfer von sexuellem Missbrauch durch Priester eröffnet wurde, waren bei Weitem nicht alle Opfer bereit, sich hier zu outen. Bei einigen blieb und bleibt die Tür im Inneren für immer verriegelt. Nichts kann sie dazu bewegen, darüber zu sprechen.

Das hat auch damit zu tun, dass eine solche Anzeige mit Scham verbunden ist. Ein Opfer braucht Beweise. Im Klartext bedeutet das, dass man es zulassen muss, dass ein Arzt den Anus auf Spermaspuren untersucht. Das ist abstoßend. Man schämt sich fürchterlich, es ist traumatisch. Stellen Sie sich ein Kind vor, das eine solche Prozedur über sich ergehen lassen soll. Und wie soll man zehn oder fünfzehn Jahre später beweisen, dass man auf bestialische Weise vergewaltigt wurde? Einige Menschen brauchen sehr lange, um überhaupt über eine solche Erfahrung sprechen zu können. Sie warten zum Teil sogar so lange, bis sie an der Schwelle des Todes stehen, wenn sie nichts mehr zu verlieren haben.

Ein missbrauchtes Kind entwickelt in jedem Fall psychische Probleme, seine Persönlichkeit ist davon geprägt. Die Manipulationsstrategien, die es unbewusst verinnerlicht hat, verleihen ihm oft das Profil eines Heimlichtuers, eines Lügners. Jedenfalls hat das Kind gelernt, wie es gewagte Themen vermeiden kann. Er ist ein Champion in Sachen Geheimnistuerei und Nicht-Sagen. Das missbrauchte Kind wurde in eine Situation der Komplizenschaft mit seinem Vergewaltiger gezwungen, auch weil es die von Letzterem dargebotenen Geschenke und Privilegien gern angenommen hat. Es wird damit zum Komplizen der ihm angetanen Gewalt. Nicht zuletzt darin liegt die eigentliche Perversität des Missbrauchs. Wie kann man unbeschadet aus einer solchen Erfahrung hervorgehen? Das missbrauchte Kind ist das Spielzeug seines Angreifers, es ist sein Objekt. Wenn Pater Allaz während der Ferienlager Eignungsteste organisierte, gab er mir immer die richtigen Antworten im Voraus. Diese Strategie war Bestandteil des Missbrauchsszenarios. Er investierte unglaublich viel Zeit, um den Boden zu bereiten. Ich wusste, dass ich den ersten Preis in keiner Weise verdient hatte, ich wusste, dass er mich damit kaufte, aber ich wusste nicht, wem ich das hätte sagen sollen. So habe ich Kompetenzen entwickelt, um die Dinge zu verheimlichen, um nur das Allernötigste zu sagen, um die Wahrheit zu verdrehen, um mich mit der Realität abzufinden. Es waren meine Überlebensstrategien. Ich habe gelernt zu manipulieren.

Letztlich ist eine Anzeige auch deshalb eine schreckliche Herausforderung, weil Sie es vielleicht irgendwie geschafft haben, ein Leben zu führen, das Ihnen zusagt, weil Sie einen gewissen Frieden gefunden haben. Haben Sie die Kraft, wieder in den Horror Ihrer Kindheitserinnerungen einzutauchen? Sind Sie bereit, sich dem Blick der anderen auszusetzen, all jener, die nicht wissen, dass Sie missbraucht worden sind? Eine Anzeige wegen Missbrauchs zu erstatten, bedeutet, ein zweites Mal abzugleiten, weil Sie die Sichtbarkeit der Schändung und das Urteil der anderen über Ihr Leben auf sich nehmen müssen. Das ist fast nicht auszuhalten. Ich habe eine Frau getroffen, die mir Folgendes berichtete: Sie wusste, dass ihr Ehemann den eigenen Sohn missbrauchte. Aber diese Mutter hatte keine Ausbildung. Ihren Mann anzuzeigen, hätte bedeutet, mit ihrem Sohn auf der Straße zu landen und von den anderen schief angesehen zu werden. Sie hat also nichts gesagt. Das ist abstoßend, nicht wahr? Sie meinte, es wäre schlimmer zu reden, und ich verurteile sie nicht. Kann sein, dass es schlimmer gewesen wäre für sie. Wenn man nicht selbst betroffen ist, ist es leicht, sich eine Meinung zu bilden. Wenn man aber direkt involviert ist, wird einem klar, dass alles viel komplizierter ist. Übrigens haben mir viele Leute ganz konkret gesagt: »Daniel, du musst nicht darüber sprechen. Du gehst komplett kaputt daran.«

Einen Vergewaltiger anzuzeigen, bedeutet oft auch, sich gegen jemanden zu stellen, der sehr geschätzt wird. Abgesehen von meiner eigenen Erfahrung könnte ich da noch etliche andere Namen nennen. Ich führe hier nur einen Fall an, der sich nicht im kirchlichen, sondern im familiären Rahmen abgespielt hat: Ein Mann widmete seine Zeit anderen Menschen, war sein ganzes Leben lang in wohltätigen Organisationen engagiert. Alle Welt schätzte und respektierte ihn. Eines Tages starb dieser Mann, und seine Töchter weigerten sich, zu seinem Begräbnis zu gehen. Kein Mensch verstand das, die gesamte Familie, das ganze Dorf, alle empörten sich. Was für unwürdige Töchter! Diese Töchter kannten meine Geschichte. Ich habe sie getroffen und sie nur gefragt: »Sie sind nicht zum Begräbnis Ihres Vaters gegangen? Was ist los?« Und eine von ihnen sagte ohne Umschweife: »Er hat mich vergewaltigt, so wie du vergewaltigt wurdest!« Es war das erste Mal überhaupt, dass sie über diese Tat sprach. Sie redete, ohne recht zu wissen, warum sie es tat. Sie wandte sich ihrer Schwester zu, die ganz still war, und sagte ganz freundlich: ›Und du auch.‹« Ich denke, sie hat mit mir gesprochen, weil sie meine Geschichte kannte und wusste, dass ich ihr glauben würde. Die beiden Frauen waren siebzig Jahre alt. Sie hatten immer über den Missbrauch geschwiegen und niemals auch nur ein Wort darüber verloren, nicht einmal untereinander. Es ist leichter, mit einem Außenstehenden zu sprechen als dort, wo sich das Verbrechen ereignet hat. Ich denke, ein solcher Fall hat nichts auf der Titelseite einer Zeitung zu suchen und sollte manchmal nicht einmal vor Gericht landen.

Einen Missbrauch anzuzeigen, ist also eine sehr komplexe Angelegenheit. Es ist angebracht, zahlreiche Vorsichtsmaßnahmen zu treffen. Viele Opfer stürzen sich irgendwann in den Suizid. Es ist so schmerzvoll, die Schleusen zu öffnen, dass man versinkt, wenn einem dabei nicht die nötige Unterstützung von nahestehenden Personen zuteil wird. Manche Opfer berichten von ihren Erlebnissen, und keiner glaubt ihnen. Dies geschieht meist bei den Opfern pädophiler Priester. Die Bistümer hielten die Informationen über ihre Priester zurück, auch wenn gewisse Neigungen von ihnen sogar aktenkundig waren. Oft haben sie sich bewusst dagegen entschieden, den Dienstweg einzuschlagen. Was mich selbst betrifft, war die Anzeige wohltuend und befreiend. Sie hat dazu geführt, dass ich als Opfer anerkannt wurde. Ich wurde von kompetenten Leuten angehört, die mir in jedem Moment Respekt entgegenbrachten. Sie glaubten mir. Ich habe geredet, sobald ich bereit dafür war, ohne jeden Druck. Die Rahmenbedingungen waren so gestaltet, dass ich mich sicher fühlen konnte.

Ich war sehr berührt, als ich erfuhr, dass sich der Abt von Einsiedeln die Anzeigen sehr zu Herzen genommen hat. Er beauftragte eine externe Untersuchungskommission, um nach Opfern und Tätern innerhalb des Klosters zu suchen, er öffnete die Archive und veranlasste Zeugenbefragungen. Die Kommission hat allen aktuellen und ehemaligen Schülern des Gymnasiums geschrieben. Außerdem wurden Annoncen in der Lokalpresse veröffentlicht, in der die Opfer aufgefordert wurden, sich zu melden. 1989 hat die Abtei alle ihr angeschlossenen Gemeinden informiert und einen Service eingerichtet, bei dem die Klagen gesammelt wurden und wo die Opfer Unterstützung bekommen konnten. Vierundzwanzig Fälle konnten aufgedeckt werden, in die neun Mönche und etwa vierzig Opfer involviert waren. Der Abt schien sich der Tatsache bewusst zu sein, dass die wirkliche Zahl der Opfer weitaus höher lag. Seither hat die Abtei

Richtlinien eingeführt, die sexuellem Missbrauch vorbeugen sollen. Damit soll erreicht werden, dass über das Tabu gesprochen wird und derartige Abwege verhindert werden.

Der Kampf gegen Pädophilie setzt sich in der Kirche fort. Papst Benedikt XVI. und Papst Franziskus haben einen weitaus entschiedeneren Kampf begonnen, der sich auch auf die Bischöfe bezieht, die die Verbrecher durch ihr Schweigen geschützt haben. Beide haben sie sich mit Opfern getroffen, sie haben ihnen zugehört, mit ihnen gebetet und ihre Scham darüber bekundet, dass ihnen von Mitgliedern des Klerus derartige Traumata zugefügt worden sind. Sie bedankten sich bei den Opfern dafür, dass sie den Mut aufgebracht hatten, zu sprechen. Ich habe das Gefühl, dass die Entschlossenheit, mit der Papst Franziskus bei diesem Thema vorgeht, Früchte tragen wird. Er spricht sich für null Toleranz gegenüber den schuldigen Priestern aus. Und die Verjährung der Taten sollte nicht dazu führen, das Problem zu verkennen. Das wäre ein bisschen so, als würde man behaupten, dass es Vergewaltigungen gegeben hat, aber das heute alles geregelt sei. Denn das ist bei Weitem nicht so. Ich denke, ich selbst habe wie in dem Film *Spotlight* reagiert. Ich habe mir die Diözesanjahrbücher vorgenommen und sie für die Zeit seit 1950 durchgesehen, weil sie mich betrifft. Ich habe den Namen jedes einzelnen Priesters herausgesucht und geprüft, unter welchen Umständen er wann versetzt wurde. So konnte ich herausfinden, ob es überraschende, wenn nicht sogar verdächtige Versetzungen gegeben hat. Ich habe auf diese Weise festgestellt, dass ein Priester die Schweiz verlassen hat, um ins Ausland zu gehen; nach einer gewissen Zeit ist er dann zurückgekehrt. Warum das Hin und Her? Man weiß, dass wiederholte Ortswechsel Hinweise auf sexuellen Missbrauch sein können. Der Priester taucht für eine bestimmte Zeit unter, zum Beispiel im Ausland, damit sich eventuelle Gerüchte wieder legen. Wenn heute ein Bischof von einer verdächtigen Angelegenheit erfährt, leitet er die Sache an die Zivilbehörden weiter. Das ist gut so. Doch wie geht man vor, wenn man erst zwölf Jahre alt ist? Man traut es sich nicht, und die Familie auch nicht. Meiner Ansicht nach ist das ein häufig auftretendes Problem, das nicht lösbar ist. Der Bischof, welcher von einer entsprechenden Angelegenheit erfährt, muss den Priester unverzüglich suspendieren und den staatlichen Behörden überstellen. Er darf nicht erst warten, bis das Opfer Anzeige erstattet, denn das Opfer braucht immer Zeit, um nachzudenken. Und in zwanzig Jahren hat der Pädophile sehr viel Zeit, weiteren Schaden anzurichten.

Was kann man also tun, um dieses Übel zu beseitigen? Es ist viel die Rede von Priestern, aber wenn die staatlichen Einrichtungen die gleiche Aufräumaktion machen würden wie die Kirchen, wären wir bald überschwemmt. Man stelle sich die Familien vor, die Sportvereine, die Pfadfinderorganisationen, die Schulen – all die Orte, an denen Kinder und Erwachsene aufeinandertreffen. Man müsste eine Frage stellen: »Haben Sie eine oder mehrere sexuelle Übergriffe erlebt?« Und man würde die gleiche Anzahl bejahender Antworten erhalten wie in der Kirche. Es gibt also derart viele Personen, die von diesem Problem betroffen sind, dass man sich fragt, ob es nicht vielleicht ein gewisses allgemeines Interesse daran gibt, es zu vertuschen. Für die Laien ist es ein Leichtes, sich über die Bischöfe zu empören. Ihre lauten Schreie halten die Neugierigen von ihrem eigenen Umfeld ab. Das ist auch eine Art, sich zu schützen. Als ich mich dazu entschloss, Pater Allaz anzuzeigen, verfolgte ich unter anderem das Ziel, Verbrechen dieser Art vorzubeugen. Fünfzehn Jahre später habe ich das Gefühl, dass sich das Szenario wiederholt. Man hatte Pater Allaz nach Grenoble versetzt, das ist unzumutbar! Ich werde meinen Kampf gegen Pädophilie bis zu meinem Lebensende fortsetzen. Und ich werde dabei nichts auslassen.

.

Nachwirkungen und Unsicherheiten

Viele Menschen, die in ihrer Kindheit missbraucht wurden, haben eine angegriffene Gesundheit. Die Spur der Gewalt hat sich tief eingeprägt. Sie ist unauslöschlich. Ich persönlich bin körperlich sehr zerbrechlich. Sobald eine Situation mich emotional überfordert, werde ich krank. Als Kind bekam ich zweimal eine akute Meningitis, ausgelöst jeweils durch einen starken emotionalen Schock. Meine Lungen sind sehr anfällig, häufig leide ich unter Lungenentzündung. Ich könnte noch viele andere Beispiele anführen. Alle diese körperlichen Gebrechen haben wiederum Auswirkungen auf den verschiedensten Ebenen. Im beruflichen Umfeld bin ich nicht sehr belastbar, weil ich mich häufig krankmelden muss. Ich fühle mich nur selten gut in Form, oft muss ich mich ausruhen, und auch meine körperliche Verfügbarkeit für meine Familie ist eingeschränkt. Ich denke, dass ein Mensch, der misshandelt wurde, sein Leiden zunächst durch Somatisierung äußert, ohne dass er es laut ausspricht. Der Körper sagt, dass etwas nicht stimmt. Es ist einfacher, zum Arzt zu gehen und eine Lungenentzündung behandeln zu lassen, als die psychischen Folgen eines Traumas zu bearbeiten. In gewisser Weise ermöglicht deshalb die Somatisierung der misshandelten Person, Gehör bei jemandem zu finden, der sich um ihre Gesundheit sorgt und sich um sie kümmert. Deshalb sollten Ärzte und Patienten im Kopf behalten, dass gewisse Leiden nur Anzeichen für etwas anderes sind.

Die physische Gesundheit ist ebenso fragil wie die psychische. Eine Vergewaltigung nimmt dir jeden Lebensmut, sie verriegelt dein Leben wie der Tod. Vitalität bedeutet Beweglichkeit in alle Richtungen. Viele missbrauchte Menschen fühlen sich ausgebremst, sie haben Mühe, in Gang zu kommen. Einige können sich kaum bewegen, andere können nicht arbeiten. Ein Mensch, der in seiner Kindheit missbraucht wurde, ist in der Entwicklung seiner Identität blockiert. Ein Teil seiner Persönlichkeit hat aufgehört zu wachsen. Ich spüre das sehr deutlich. In mir ist eine gewisse Langsamkeit, in dem Sinne, dass ich lange zögere und unfähig bin, Entscheidungen zu treffen. Ich fühle mich unfertig, in den Grundfesten nicht sehr stabil. Viele Missbrauchsopfer kämpfen gegen chronische Depressionen und Selbstmordgedanken, sie begeben sich regelmäßig in psychiatrische Behandlung. Ich habe diese Hölle durchlebt. Ein missbrauchtes Kind wird ein psychisch fragiler Erwachsener. Diesbezüglich erinnere ich mich an eine sehr berührende Erfahrung. Eines Tages habe ich meine Geschichte einer Frau erzählt, die sehr ausgeglichen wirkte und völlig in sich zu ruhen schien. Sie hörte mir zu, und plötzlich brach sie körperlich zusammen. Sie konnte es nicht ertragen, meine Offenbarungen zu hören, die in ihr eine Schleuse öffneten und die Mauer durchbrachen, mit der sie sich schützte. Meine Worte hatten sie zutiefst verletzt und ihre eigenen Erlebnisse an die Oberfläche geholt. Auch sie war in ihrer Kindheit misshandelt worden, aber sie hatte diese Erfahrung so sehr in sich vergraben, dass sie sich selbst nicht mehr daran erinnerte. Als sie meine Geschichte hörte, war es, als würde sie ihre Hölle noch einmal durchleben. Die Zerbrechlichkeit ist eine Tatsache, man muss sich dessen bewusst sein und lernen, mit ihr zu leben.

Kurz nachdem ich im Fernsehen aufgetreten war, um Zeugnis abzulegen, erhielt ich einen sehr seltsamen, schockierenden Anruf. Am anderen Ende der Leitung war eine Frau, die ohne großes Vorgeplänkel sagte: »Sie haben es zwar nicht gesagt, aber im Grunde genommen hat es Ihnen doch Spaß gemacht, vergewaltigt zu werden, oder?« Ich war so überrascht von der Schamlosigkeit dieser Bemerkung, dass ich die Frau anschrie und den Hörer auflegte. Diese Bemerkung war so heftig, dass ich lange darüber nachdachte. Ehrlich gesagt habe ich niemals Vergnügen dabei verspürt. Pater Joël Allaz ja, aber nicht ich. Durch die Bemerkung dieser Frau ist mir noch einmal bewusst geworden, dass ich nicht in die Liebe eingeführt worden war, sondern in den Sex, das heißt vielmehr in die Perversion von Sex. Das war meine Form der Aufklärung. Ich hatte keine Wahl. Es mag sein, dass einige Menschen, die missbraucht worden sind, Sex und Vergnügen gleichzeitig in der Gewalt entdecken. Das heißt, wenn sie erwachsen sind, suchen sie in der Sexualität nach den gleichen Empfindungen, wie sie sie in ihrer Kindheit erfahren haben. Diese Gedanken haben mich lange Zeit sehr beschäftigt und wiederum andere Fragen nach sich gezogen. Wurde ich deshalb vergewaltigt, weil ich selbst auch pädophil bin? Viele missbrauchte Kinder werden als Erwachsene ebenfalls pädophil. Diese Frage habe ich mir gestellt, als ich mich dazu entschloss, zu heiraten. Ich fragte mich, ob die Tatsache, missbraucht worden zu sein, mich in meiner Rolle als Vater beeinträchtigen könnte. Würde ich mich gefahrlos um meine Kinder kümmern können? Und auch wenn ich mich niemals sexuell zu Kindern hingezogen fühlte, brauchte ich eine eindeutige Antwort auf diese Frage. Ich wollte sicher sein, dass Valérie mir zu Recht ihr Vertrauen schenkte. Ich ging also zu einem Psychiater, um mir professionellen Rat zu holen, und dann begann ich mit einer Therapie. Wenn ein Kind vergewaltigt wird, bedeutet dies, die Tür zu seiner Intimität einzureißen, sie für immer zu zerbrechen. Eine eingetretene Tür schließt sich nie wieder. Deshalb hat das Kind keine Barrieren mehr, es lebt ohne Sicherheitsnetz, das es vor den Gefahren von außen ebenso schützt wie vor den Gefahren von innen. Das bedeutet, dass ein missbrauchtes Kind als Erwachsener von sehr starken emotionalen Schüben erfasst werden kann. Ich habe so sehr unter meinem Kindheitstrauma gelitten, dass es für mich undenkbar schien, jemals demselben Schema zu verfallen. Das stand mir so deutlich vor Augen, dass ich mich lieber umgebracht hätte.

Der Missbrauch hat auch Folgen für die eigene Sexualität. Einige missbrauchte Kinder prostituieren sich im Erwachsenenalter – möglicherweise deshalb, weil sie der Mangel an Respekt, den sie erfahren haben, daran gehindert hat, ihren eigenen Körper wertzuschätzen. Manche Männer werden homosexuell, weil sie Sex nur mit einem Mann ausleben können, so als habe der Missbrauch den Zugang zur

Sexualität mit Frauen versperrt. Ich selbst hatte, ohne irgendeine homosexuelle Neigung zu spüren, lange Zeit eine übersteigerte Angst vor Frauen und vor der Sexualität mit ihnen. Da meine Intimität verwüstet war, für immer verwüstet, besaß ich keine natürlichen Grenzen. Ich habe mich im Kloster engagiert, weil ich mich auf diese Weise vor der mir bedrohlich erscheinenden Sexualität verstecken konnte. Ich hatte ein Keuschheitsgelübde abgelegt. Ich denke, dass ich im Kloster damit beginnen konnte, meine Identität wiederherzustellen, weil ich auf dieser Ebene keine Gefahr sah. Auf der Grundlage einer gewissen, hier gefundenen Stabilität konnte ich irgendwann eine Liebesbeziehung beginnen. Seither verdanke ich mein inneres Gleichgewicht meiner Frau, meinen Kindern und meinem Glauben. Wäre ich ohne spirituellen Halt, würde ich vermutlich ein sexuell vollkommen zügelloses Leben führen. Nur könnte ich auf Dauer so nicht leben und würde lieber den Tod wählen. Die Sexualität ist ein Bedürfnis, und wenn man nicht die Chance hatte, sie auf respektvolle Weise zu entdecken, vernichtet sie unser ganzes Leben. Alle Menschen haben sexuelle Bedürfnisse. Ein Kapuzinermönch gestand mir einmal: »Den Sexualtrieb habe ich mein Leben lang gespürt. Ich habe dagegen angekämpft und bin jetzt frei.« Zu diesem Zeitpunkt war er zweiundneunzig Jahre alt.

Ich bin fast nie in Kontakt mit Kindern, abgesehen von meinen eigenen. Es wäre für mich unerträglich, mitzubekommen, dass ein Kind leidet. Die Erinnerungen, die dadurch hervorgerufen würden, wären zu mächtig. Ein Kind, das ist die Unschuld selbst, das ist Lebensfreude und Spontaneität. Das Leiden eines Kindes wirft mich vollkommen aus der Bahn. Ich gerate ins Straucheln und versuche ihm zu helfen. Der Impuls ist übermächtig. Jedes Mal, wenn ich einen Erwachsenen mit einem Kind sehe, beobachte ich, wie sich der Erwachsene verhält. Wenn ich sehe oder spüre, dass ein Kind missbraucht wird, werde ich fuchsteufelswild. Ich muss eingreifen. Ich habe es einmal während einer Schulversammlung erlebt. Da war ein Kind, das in Begleitung seines Onkels da war. Ich habe sofort gespürt, dass der Onkel sich merkwürdig verhielt. Vielleicht kann ich das Verhalten der Menschen besser durchschauen. Jemand, der nicht missbraucht wurde, hat einen anderen Blick. Möglicherweise müsste er mehrere Male hinschauen, bevor ihm etwas Unnormales auffallen würde. Es traf sich, dass ich den Vater des Kleinen kannte, da wir Jahre zuvor in derselben Klasse waren. Ich klingelte bei ihnen und die Tür ging auf. Der Vater war ein echtes Original. Ich sagte zu ihm: »Kann ich mit dir sprechen? Hast du einen guten Tag?« – »Was ist denn los? Ich bin okay, ich sehe halt nun mal anders aus, aber ich bin in Ordnung.« Tatsächlich war ich gar nicht seinetwegen da. »Ich muss dich sprechen, ich habe dir etwas sehr Schlimmes zu sagen. Wenn du nichts dagegen hast, sage ich es und gehe dann wieder.« Überrascht und etwas verängstigt, willigte er ein. »Ich mag deinen Sohn sehr, aber es gibt jemanden, der ihn noch viel lieber mag. Dein Bruder ...!« Ich hatte nicht die Zeit, den Satz zu beenden, da sah er mich verstört an und schrie: »Scheiße, du hast recht! Ich wusste es! Ich gehe sofort hin! Wenn mein Sohn sagt, dass er ihn angefasst hat, ist mein Bruder ein toter Mann!« Dann ließ er mich stehen. Erschüttert ging ich nach Hause, in der Hoffnung, dass dieses Kind nicht gelitten hatte.

Ich möchte noch eine Kleinigkeit hinzufügen. Ich wurde vier Jahre lang missbraucht, aber ich glaube nicht, dass alle meine Probleme auf diese Erfahrung zurückzuführen sind. Man muss den gesamten Kontext miteinbeziehen. Viele Menschen führen ihre Probleme ausschließlich auf den erlebten Missbrauch zurück. Ich denke aber, dass das Umfeld ausschlaggebend dafür ist, wie sehr man darunter leidet. Was mich selbst angeht, haben vermutlich gewisse andere Erfahrungen meine Probleme noch verstärkt. Seit meiner Geburt sind mir immer wieder schlimme Dinge passiert. Ich habe die Ängste meiner schwangeren Mutter gespürt, die Gewalt meines Vaters erlebt, ich wurde schwer krank, als ich noch ganz klein war, wir wurden aus Romont vertrieben, man hat mit dem Finger auf uns gezeigt. Als meine Mutter dann selbst auch krank wurde, habe ich den Boden unter den Füßen verloren. Ich denke, meine Ängste sind in erster Linie an diese lähmende Gesamtsituation gekoppelt und wurden durch den Missbrauch nur noch verstärkt. Ich wurde entwurzelt, bei anderen Familien untergebracht. Und auch wenn ich keine schlechten Erinnerungen an diese Zeit habe, hatte ich dennoch nicht jene Grundsicherheit, die man braucht, um eine feste Persönlichkeit entwickeln zu können. Ich bin meine gesamte Kindheit über immer wieder umgezogen, eine Zeit lang hatte ich keinen festen Wohnsitz, ich schlief mal hier, mal da, auf dem Sofa, beim Hund und bei den Katzen. Alle diese Veränderungen hinterlassen ihre Spuren. So zum Beispiel verabscheue ich es zu reisen.

Ich brauche immer eine halbe Ewigkeit, um meinen Koffer zu packen, und ich reise niemals allein, weil ich fürchte, dass eine Panikattacke eskalieren könnte Ich habe das Bedürfnis, mich vollkommen sicher zu fühlen, selbst wenn ich mich zum Vatikan begebe. Pater Allaz hat mich missbraucht, als ich mich in einer persönlich schwierigen Situation befand. Ich war emotional zerrüttet. Alle diese Faktoren haben eine große Verletzlichkeit in mir hinterlassen. Mein ganzes Leben ist eine Folge von Missbräuchen.

Wie alle missbrauchten Kinder bin ich ein Mensch, der leidet und der sich schwertut mit dem Leben, der aber versucht, das Beste daraus zu machen. Jedes Mal, wenn mir etwas passiert, das ich als schwierig empfinde, frage ich mich, wie ich dieses Hindernis überwinden könnte. Warum passiert mir das? Vielleicht bringt mich jede Prüfung ein Stück weiter. Aber ich habe Glück: Obwohl ich als Kind missbraucht wurde, ist aus mir kein Pädophiler geworden.

»Lieben heißt
alles geben«

Unseren Trauspruch haben wir aus Psalm 84 entnommen
und er lautet:
»Es begegnen einander Huld und Treue;
Gerechtigkeit und Friede küssen sich.«

Diese Worte tragen mich und leiten mich in meinem Kampf.
Die Vorsehung lässt mir Hilfe zuteil werden, daran besteht
kein Zweifel. Aber auch all die Menschen, die mir auf meinem Lebensweg begegnet sind, haben mich unterstützt. Eines Tages hatte ich Lust, mein eigenes Fotoalbum zu basteln.
Ich gab ihm den Titel: »Ich bin ein aufrechter Mann«. Auf
der letzten Seite des Buchs wollte ich allen Menschen danken, die mir dabei geholfen haben, der Mensch zu werden,
der ich heute bin, und die Liste ist sehr lang. Es sind mehr als
hundert Namen zusammengekommen und ich hatte das Bedürfnis, sie aufzuschreiben, um die Erinnerung an die Spur
wachzuhalten, die sie in mir hinterlassen haben.

Ich habe von meiner ungewöhnlichen Begegnung mit
Pierre Arnold, dem Geschäftsführer von Migros, erzählt, die
sich in den ersten Stunden meines Aufenthalts in Einsiedeln
zugetragen hat. Und auch von der schönen Verbindung, die

wir während der Jahres des Klosterlebens pflegten. Ich sollte sehr viel später in einem eher belanglosen Gespräch etwas Unglaubliches erfahren:

Eines Tages kommt ein Missionsbruder von der Ordensgemeinschaft Franz von Sales zur Kantonsbibliothek in Fribourg, um ein paar alte Bücher dazulassen, für die er keine Verwendung mehr hatte. Ich bin froh, ihn wiederzusehen. Während unseres Gesprächs lässt er die Bemerkung fallen: »Letztlich habt ihr Glück gehabt, ihr Pittets! Monsieur Arnold hat ja nun etwas Großartiges für euch getan, nicht wahr?« Ich sehe ihn verständnislos an. Angesichts meines erstaunten Blicks fährt er leicht spöttisch fort: »Der Name Arnold sagt dir doch etwas, oder? Weißt du denn nicht, dass er deine Studiengebühren bezahlt hat und auch die für deine Brüder und Schwestern?« Ich falle aus allen Wolken. Das ist unglaublich. Auf einmal wird mir alles klar. Niemals hätte meine Mutter die Kosten für die Privatschulen allein aufbringen können. Und ich habe mich niemals gefragt, wie das möglich sein konnte. Diese Offenbarung wirft mich um. Ich stelle mir vor, wie es zugegangen sein mag. Monsieur Arnold hatte mich ins Herz geschlossen, er erkundigte sich nach meiner Familie. Pater Wolfgang beschrieb ihm, in welch ärmlichen Verhältnissen wir lebten, und dann hat er beschlossen, uns anonym zu helfen, vollkommen uneigennützig. Diese Geste passt so gut zu dem Mann, den ich kennengelernt habe: Er hat immer versucht, Gutes zu tun, ohne sich in den Vordergrund zu spielen. Seine Haltung ist einzigartig. Monsieur Arnold war schon seit einigen Jahren tot, als ich davon erfuhr, was er für unsere Familie getan hat.

Lange Zeit hatte ich einen Beichtvater. Er rief mich jedes Mal an, bevor wir uns trafen. Eines Tages fragte ich ihn: »Warum rufst du mich jedes Mal an?«, und er antwortete einfach: »Ich weiß, dass du das Bedürfnis hast zu beichten und dass es dir schlechter geht, wenn du es nicht tust. Du bist der Einzige, bei dem ich das so handhabe.« Tatsächlich befreit mich die Beichte von sämtlichen Spannungen, die ich in mir spüre. Neulich hatte ich in Rom eine solche Erfahrung. Ich traf einen Priester, der so offenherzig war, dass mich die Beichte in einen Zustand der absoluten Glückseligkeit versetzt hat. Ich spürte einen großen Frieden in mir. Die Beichte ist ein intimer Moment des Teilens, in dem ich bis in mein Innerstes vordringe. Für einen Mann der Tat wie mich ist diese Zeit des inneren Rückzugs unabdingbar. Der Beichtvater ist kein Psychiater. Ich beichte ihm nicht dieselben Dinge. Ich käme nicht auf die Idee, ihm von meiner Frau oder meinen Kindern zu erzählen. Ich erzähle ihm von meinem Verhältnis zu Jesus, das mich nach wie vor beschäftigt. Warum hat Jesus vier Jahre lang nichts unternommen, um mich aus meinem Leid zu befreien? Ich trage diese Wunde in mir, und ich versorge sie Tag für Tag, vor allem durch das Gebet, aber auch durch die Beichte, diesen Moment der Zweisamkeit und des Gehört-Werdens, der sehr intensiv sein kann.

Als ich mit einundzwanzig Jahren aus Einsiedeln fortging, ging es mir schlecht, und ich erinnerte mich an den Satz, den mit Kardinal Journet mitgegeben hatte, als ich acht Jahre alt war. Ich habe mich an seinen Rat gehalten und mich neunmal zur Kapelle von Bourguillon begeben. Diese kleinen Spaziergänge taten mir gut. Achtmal musste ich weinen. Beim neunten Mal öffnete ich die Tür: Da war ein kleines Mädchen auf Knien, das weinte. Ich wusste, dass dieses kleine Mädchen mehr litt als ich. Jedenfalls wollte ich das glauben. Ich bat die Heilige Jungfrau darum, ihr zu helfen. Ich ging hinaus, schloss die Tür und hatte eine Frage im Kopf: »Bewahrst du dir deinen Glauben oder nicht?« Ich habe mich dafür entschieden, weiter zu glauben. Diese Entscheidung werde ich nie wieder anzweifeln. Der Glaube ist in mir, der wahre Glaube, und ich habe ihn selbst gewählt. Es ist eine freie Entscheidung.

Ich habe immer versucht, mich an Menschen zu halten, die mir dabei helfen konnten, erwachsen zu werden. An Menschen, die ich als Vorbilder sehen konnte. Ich mag die Gesellschaft von anständigen und ausgeglichenen Personen, die im Reinen mit sich sind, solide Charaktere, die mir eine Stütze sein können. Wenn ich mich in einer Gruppe aufhalte, suche ich intuitiv den Schwerpunkt und strebe zu ihm. Um einen bildlichen Vergleich heranzuziehen: Wenn ich die Gelegenheit bekomme, bei Roger Federer Tennisspielen zu lernen, sind meine Chancen größer, gut zu werden. Er würde mir die Bälle gut zuspielen und mir beibringen, sie im richtigen Moment mit den richtigen Bewegungen zu treffen. Ich fühle mich nicht a priori zum Leid hingezogen, vielmehr habe ich mich dazu entschlossen, davon wegzukommen. An dem Tag, an dem ich begriffen und festgestellt habe, dass mein Peiniger ein kranker Mann ist, war es mir möglich, mich von dem zu distanzieren, was mir Leiden verursachte. In gewisser Weise war ich Beobachter meines eigenen Lebens. Anfangs weinte ich immer, aber dann nicht mehr. Diese Distanzierung vom Leid hat mich gerettet, zugleich aber einen Teil meiner Persönlichkeit abgespalten. Ich habe mich sozusagen geteilt. Manchmal dachte ich, während mich Pater Allaz vergewaltigte: »Das dauert heute aber lange ...«

Wenn ich sage, ich suche das Leid nicht bewusst, ist das nicht ganz korrekt. Ich kann sehr viel Energie darauf verwenden, anderen aus ihrem Leid herauszuhelfen. Ich kann sogar aufdringlich sein, wenn es sein muss, denn ich selbst wurde auf dieselbe Weise gerettet. Wenn ich spüre, dass es jemandem schlecht geht, sage ich es ihm. Dennoch respektiere ich sein Schweigen, wenn er es so wünscht. Das Wort steht im Zentrum der Hilfe. Diese Erfahrung habe ich schon oft gemacht. Einmal ging ich zu Fuß von Fribourg nach Marly, zwei Orte, die durch eine Hängebrücke über der Sarine miteinander verbunden sind. Diese Brücke ist bekannt dafür, dass sich hier viele Menschen das Leben nehmen. Als ich dort war, stand da ein Mann und sah in die Ferne. Das machte mir Angst. Ich trat zu ihm hin und sagte: »Was machen Sie hier? Sie machen mir Angst, kommen Sie sofort da weg.« Niedergeschlagen entgegnete er: »Ich will springen.« Ich zog ihn am Arm, Leute kamen und riefen die Polizei. Er hat auf mich gehört. Zum Glück, denn ich wäre mit ihm runtergesprungen. Der Krankenwagen kam und brachte ihn in die Psychiatrie, wo ich ihn besuchte. Ein paar Wochen später wurde er entlassen. Fast unmittelbar danach brachte sich der Mann um: Er ist von der Brücke gesprungen. Habe ich gut daran getan, ihn beim ersten Mal von seinem Plan abzuhalten? Ich kann diese Frage nicht beantworten. Allerdings konnte er sich so von seinen Angehörigen verabschieden. Vielleicht wurde dieser Abschied dadurch möglich. Ich persönlich bin froh, so gehandelt zu haben. Unter anderen Umständen hätte sich der Mann vielleicht sogar erholt und Freude daran gefunden, weiterzuleben.

Das eigene Leben in Stücke zu hauen, ist einfach, es wieder aufzubauen hingegen schwer. Alle Brüche, die wir erleiden, hinterlassen Spuren. Es ist schwer, sein Leben anzunehmen. Wenn Sie sichtbar sind, müssen Sie sich dem Blick der anderen aussetzen; wenn Sie unsichtbar bleiben, müssen Sie sich damit abfinden, dass Sie niemand mit dem, was Sie erlebt haben, anerkennt. Ich wurde aber auch oft gerettet, weil es Menschen gab, die an mich geglaubt haben. Ich war ein kleiner Junge, der sich wertlos fühlte, schmutzig und besudelt, ich dachte, ich sei ganz allein. Als Opfer fühlte ich mich nichtswürdig, weil ich es nicht schaffte, meinen Angreifer von mir fernzuhalten. Es ist schrecklich, wenn man unfähig ist, »Nein« zu sagen. Trotzdem denke ich, dass es im Leben immer einen Moment gibt, in dem man sich die Liebe zurückholen kann, die man nicht empfangen hat. Einige Menschen haben mir einen Platz geschenkt, sie haben es ermöglicht, dass ich mich nicht ausgeschlossen fühlen musste. Ich wurde integriert. Ich fühle mich als Sprachrohr derjenigen, die nicht die Kraft haben, sich zu äußern. Viele Menschen vertrauen sich mir an, weil sie wissen, dass ich bekannt bin in der Öffentlichkeit. Wenn ich Sie als Opfer anerkenne, fühlen sie sich erleichtert. Wenn Sie einen Spiegel vor sich haben, können sie sich wieder aufrichten.

Es scheint mir so, als könnten Menschen, die schreckliche Prüfungen durchleben mussten, ihr Leiden sublimieren, indem sie anderen helfen. Sie säen das Gute um sich herum, und das hilft ihnen dabei, sich selbst wieder aufzurichten. Das Trauma hinterlässt tiefe Spuren, hindert sie aber nicht daran, zu leben. Ich denke, es ist möglich, sich dafür zu entscheiden, sein Leben selbst in die Hand zu nehmen, auch nach den schlimmsten Erfahrungen. Ich habe Tag für Tag gebetet, und das Gebet hat mir geholfen und sehr viel Kraft gegeben. Allein hätte ich es nicht geschafft. Wir alle werden an einem bestimmten Punkt in unserem Leben vor eine Wahl gestellt, und diesen Moment nenne ich Vorsehung. Man muss diesen Augenblick beim Schopfe packen, denn wenn er da ist, heißt das, es ist der richtige Augenblick. Ich wäre gern Diakon geworden, doch der Bischof hat meinen Wunsch abgelehnt. Ich war erst einmal enttäuscht, aber ich denke, er hatte recht damit. Ich bin ein frei schwebendes Elektron, das überall herumtreibt. Der Diakon muss sich in den Dienst der Gemeinschaft stellen. Ich kann mich nicht auf eine klar umgrenzte Tätigkeit beschränken. Ich muss überall sein können. Und da ich verheiratet bin, müsste sich meine Frau ebenso einbringen. Valérie mag aber Gruppenzusammenkünfte nicht sonderlich, weil sie sehr unabhängig ist. Sie macht die Dinge lieber mit sich selbst aus. Ich wäre kein guter Diakon gewesen.

Ich möchte noch über meine Begegnung mit einer Frau sprechen, die mir den Mut und die Kraft gegeben hat, weiterzumachen. Ihre Lebensfreude, ihre Zuversicht haben mich mit Hoffnung erfüllt. Ich bin Roselyne de Chollet am Ende ihres Lebens begegnet, sie war einundneunzig Jahre alt. Eine

Arbeitskollegin und Freundin der alten Dame hatte mich um einen Gefallen gebeten, und ich hatte zugesagt: »Wenn ich vor Roselyne sterbe, versprichst du mir dann, dass du sie regelmäßig besuchst?« Das tat ich. Beim ersten Besuch war Roselyne nicht gerade erfreut mich zu sehen. Ich sagte ihr, dass ich ihrer Freundin etwas versprochen hätte, dass ich aber nicht gegen ihren Willen kommen wolle. Und sie antwortete: »Bleiben Sie!« Im Laufe unserer Gespräche entdeckte ich eine großartige Person. Obwohl sie von Natur aus sehr zurückhaltend war, fand sie zunehmend Gefallen daran, mir Dinge aus ihrem Leben zu erzählen. Zunächst von ihrer aristokratischen Herkunft, der Familie Zurich-Reynold. Sie ist im Château de Pérolles in Fribourg aufgewachsen. Ihren Vater hat Roselyne nicht gekannt, er war 1914, am dritten Tag des Ersten Weltkriegs, gefallen. Sie zeigte mir die Trauerkarte für ihren Vater, auf der ein Satz stand, der mich tief berührt hat: »Geben Sie meiner kleinen Tochter einen Kuss. Ich werde sie niemals wiedersehen, aber sagen Sie ihr, dass ich sie liebe.«

Ich habe Roselyne anvertraut, dass ich missbraucht worden bin. Sie hat mich in den Arm genommen und einfach nur gesagt: »Armer Daniel!« Wir haben nie wieder darüber gesprochen, weil es ihr ihre aristokratische Erziehung verbat, über intime Angelegenheiten zu reden. Man muss über seinem eigenen Schmerz stehen. Sechs Jahre lang habe ich sie zweimal pro Woche im Heim *La Providence* besucht, bis zu ihrem Tod im Alter von siebenundneunzig Jahren. Roselyne hat mich mit all den Gesprächen die wir geführt haben, vor einer dritten Depression bewahrt. Diese außergewöhnliche Frau beklagte sich nie, trotz der vielen schweren Momente, die sie erlebt hat. Ihre Art, die Dinge positiv anzugehen, hat mir die Kraft gegeben, die mir fehlte. Zu sehen, wie stark und stabil sie war, hat mich selbst auch stärker gemacht.

Heute finde ich auf mehreren Ebenen Anerkennung. Ich konnte über meine Geschichte sprechen, erzählen, was geschehen ist, und begründen, warum ich so lange geschwiegen habe. Ich habe vonseiten der Ortskirche und dem Kapuzinerorden jeweils eine Entschädigungssumme erhalten, mit der ich die Kosten für meine physische und psychische Wiederherstellung decken konnte. 2004 erhielt ich, nach großen Anstrengungen freilich, einen ersten Entschuldigungsbrief vonseiten meines Peinigers und einen weiteren im Zusammenhang mit der Arbeit an diesem Buch. Ich weiß, dass er sich therapieren lässt, was mich beruhigt, denn ich wünsche ihm nicht das Schlimmste. Ich habe mir den Glauben bewahrt, was bedeutet, dass meine spirituellen Sehnsüchte nicht zerstört wurden.

Ein Beispiel: Mit dem Fronleichnamsfest, das man auch das *Fest des heiligsten Leibes und Blutes Christi* nennt und das sechzig Tage nach Ostern gefeiert wird, verbindet mich eine lange Geschichte. Dieses Fest ist die Verlängerung der Eucharistie, da die geweihte Hostie in einer Prozession aus der Kirche herausgetragen wird, damit die Gläubigen ihren Glauben öffentlich bekunden. In Fribourg ist dieses Fest eine echte Institution. Seit dem Jahr 1425 vereinigt es ununterbrochen jedes Jahr im Stadtzentrum städtische und kirchliche Behörden in einer endlos langen Prozession, in der alles vertreten ist, was es an öffentlichen Gruppierungen gibt: Stadtrat, Gemeindevertretung und Kirchengemeinderat, Grenadiere, Blaskapellen, Chöre, Universität, Schulverwaltung, Lehrerschaft, Studentenvereine, Kollegien, Pfadfinder, Erstkommunikanten, ausländische Gemeinschaften und so weiter. Die Liste wäre zu lang. Um Alain Berset, den Bundesrat von Fribourg, zu zitieren: »Das Fronleichnamsfest ist Ausdruck der religiösen Verwurzelung der Stadt. Es bezeugt die über lange Zeit gewachsene Interaktion zwischen der katholischen Kirche und der Fribourger Gesellschaft und ist ein Anlass dafür, der Kirche für die Werte, die sie uns bietet, eine Huldigung zu erweisen.«

Im Jahr 1968 nehme ich das erste Mal als Messdiener am Fronleichnamsfest teil. Als ich aus Einsiedeln zurückkomme, schlägt mir André Menoud, der seit sechzig Jahren für die Organisation verantwortlich ist, vor, dabei zu sein. Und ich nehme seinen Vorschlag an. Im ersten Jahr trage ich die Prozessionsfahne für das heilige Sakrament, in den beiden darauffolgenden Jahren bin ich einer der vier Träger des Himmels, dem traditionellen Stoffbaldachin, und im vierten Jahr werde ich zum Kommissar des gesamten Festes ernannt. André Menoud führt mich in alle Details ein, und so werde ich über zwanzig Jahre lang bei dieser fantastischen Prozession dabei sein. Es ist eine ebenso fesselnde wie faszinierende Tätigkeit, die mir hilft, mich sozial zu integrieren, und es ist eine Art Erlösung für mich. Ich kenne alle Leute und habe das Gefühl, etwas für die Stadt zu tun.

Nach der offiziellen Anzeige fiel ich in eine schwere Depression und beendete sämtliche Aktivitäten, an denen ich beteiligt war. Wir schreiben das Jahr 2008. Ich beschließe, mich der Anbetung zu widmen. Warum das? Einige Jahre zuvor war ich Nicolas Buttet begegnet, einem katholischen Priester und Gründer der *Fraternité Eucharistein*, der mir zum Thema Anbetung sagte: »Du wirst im Lichte Jesu gesonnt.« Ich habe mir diesen Satz gemerkt. Ich hatte das Bedürfnis, mich in der Sonne zu wärmen. Konkret sah das so aus, dass ich Jesus aus dem Tabernakel hole, ihn in sein Haus lege und ausstelle. Ich stelle ein Licht vor der Monstranz auf, das die gesamte Wand erhellt. Jesus ist da und ich glaube an ihn. Ich sitze zusammen mit ein paar Gemeindemitgliedern in der Kirche und bete, jede Woche am Samstagmorgen, eine Stunde lang. Ich bete im Stillen, ich bitte Jesus, mir bei den anstehenden Entscheidungen zu helfen und mich bei den Beziehungen zu den Menschen in meiner Umgebung zu unterstützen. Ich bete für die Leidenden in der ganzen Welt. Eigentlich zähle ich alles auf, was mir so durch den Kopf geht. Ich lese die biblischen Texte des Tages und für den Sonntag. Wenn ich fertig bin, stelle ich das heilige Sakrament zurück, singe einen Lobpreis auf die Heilige Jungfrau und verlasse glücklich die Kirche. In acht Jahren habe ich auch einige einsame Momente erlebt. Irgendwann entschied ich mich, meine kleine behinderte Tochter mitzunehmen. Ich habe ihr erklärt, wer Jesus war, wo die Heilige Jungfrau war, ich habe ihr gesagt, dass ich still beten würde und dass sie auch beten könne, wenn sie wolle. Sie betete mit lauter Stimme. Als ich sie hörte, sagte ich mir, dass die Heilige Jungfrau sie unmöglich nicht hören könne. Sie kam jedes Mal mit, sieben Jahre lang.

Sieben Jahre, das ist eine symbolische Zahl. Deshalb sagte ich an einem Samstag zu Jesus: »Seit sieben Jahren bin ich hier, ich fühle mich besser, ich möchte dir dienen. Gib mir ein Zeichen.« Als ich zwei Wochen später wieder in der Kirche bin, kommt mir eine Idee: Ich könnte ein Buch schreiben über alle Ordensleute, die mir geholfen haben, all jene Menschen, die ihr Leben Jesus geweiht haben. Einige Tage später verkündet der Papst öffentlich, dass das Jahr 2015 das Jahr des geweihten Lebens sein wird. Dieses Aufeinandertreffen ist zu offenkundig, um es ignorieren zu können. Ich mache mich an die Arbeit und beschließe, zusammen mit Schwester Anne-Véronique Rossi, einer Schwester und Oberin der Ursulinengemeinschaft, die ich gut kenne, das Buch voranzubringen. Wir haben das Jahr 2014. Die Schwester schlägt vor, Zeugnisse über das geweihte Leben zusammenzutragen. Wir erstellen eine Internetseite und kontaktieren die Verantwortlichen der achtzig Ordensgemeinschaften in der französischen Schweiz, die zunächst nicht gerade begeistert sind. Doch wir bleiben dran. Schwester Anne-Véronique überzeugt ihre Mitschwestern zu einem Zeugnis von ihrem geweihten Leben, indem sie unser Projekt als apostolische Mission beschreibt. Sie fängt an, die Texte zu sammeln. Nach und nach treffen die Zeugnisse ein, so auch die eines Kartäusermönches und eines Zisterziensermönches. Das ist ein gutes Zeichen. Das Projekt nimmt Form an, scheinen die Zeugen doch vom Sinn des Vorhabens überzeugt zu sein.

Einmal mehr kommt mir spontan eine ganz irrwitzige Idee: Der Papst hat 2015 zum Jahr des geweihten Lebens erklärt, er sollte also das Vorwort zu diesem Buch schreiben! Sofort nehme ich Kontakt zu Jean-Daniel Pitteloud, einem Freund und ehemaligen Offizier der Schweizergarde, auf.

174

Er empfiehlt mir, den päpstlichen Sekretär, Monsignore Guillermo Karcher, anzurufen, der sofort Interesse an dem Projekt bekundet, der Heilige Stuhl hat noch keine Publikation für das große Publikum zu diesem Thema vorgesehen. Monsignore Karcher lädt mich nach Rom ein und organisiert ein Treffen mit dem Papst. Das Buch kommt gut an. Der Papst liebt diese schlichten, leicht zugänglichen Zeugnisse, die nah an den Menschen sind. Aber der Titel gefällt ihm noch nicht: *Das geweihte Leben*. Ich erlaube mir zu fragen: »Haben Sie eine andere Idee?« Spontan entgegnet der Papst: »Lieben heißt alles geben.« Der Satz stammt von der heiligen Thérèse de Lisieux. Er ist fantastisch.

Papst Franziskus ist begeistert. Er möchte Übersetzungen machen lassen und fragt, ob ich gläubig sei. »Ich glaube, aber ich habe kein Geld ... Wie sollen wir das machen?« Geheimnisvoll antwortet er: »Der heilige Joseph ...!« Übersetzt heißt dies, dass sich der Papst darum kümmert, das Buch weltweit herauszubringen, aber der Vatikan keinen Cent investieren wird. Wir müssten uns selbst um die Mittel kümmern, selbst den Kampf aufnehmen und das weltweite Netzwerk der Glaubensgemeinschaften und Geldgeber zum Laufen bringen. Es ist verrückt. Ich kontaktiere Schwester Anne-Véronique und wir fangen an, nach Übersetzern zu suchen. Der Papst willigt ein, das Vorwort zu schreiben, ja er erklärt sich sogar bereit, vor den Fotografen mit dem Buch in der Hand zu erscheinen. Ein solches Bild auf der Umschlagseite ist die beste Werbung überhaupt. Im Grunde ist es eine völlig verrückte Geschichte. Aus dem kleinen Bändchen wird das Buch des Jahres zum geweihten Leben! Während der Generalaudienz am Morgen des 16. September 2015 wird es auf dem Petersplatz verteilt: Hunderttausend Exemplare sind in Umlauf. Das in zwölf Sprachen übersetzte Buch wird millionenfach gratis verteilt (Die deutsche Übersetzung ist bei Herder erschienen, Anm. d. Lektorats). Es ist überwältigend. Das Buch wurde auch beim Weltjugendtag im Juli 2016 in Krakau verteilt, ebenso wie in Afrika, Asien und Amerika. Aus diesen Zeugnissen sprechen tiefe Freude und Hoffnung. Es sind Berichte von einem Leben in Armut, Keuschheit und Demut, die der heutigen Welt zu fehlen scheinen. Die ganze Schönheit des geweihten Lebens spricht daraus.

Das Abenteuer gelingt, weil ich sehr gelassen bin. Ich denke, es ist das Werk des Heiligen Geistes, und ich lasse alles geschehen, ohne irgendetwas zu erzwingen, ganz uneigennützig, ohne irgendeine Gegenleistung zu erwarten. Heute versuche ich, mich von den beruhigenden Worten des Patriarchen Athenagoras leiten zu lassen:

»Der härteste Kampf ist der Kampf gegen sich selbst.

Man muss dahin gelangen die Waffen zu strecken.

Ich habe diesen Kampf jahrelang geführt, er war schrecklich.

Aber jetzt habe ich die Waffen niedergelegt.

Ich habe vor nichts mehr Angst, denn die Liebe vertreibt jede Angst.

Ich bin frei von dem Wunsch, recht zu haben, mich immerzu rechtfertigen zu wollen, indem ich andere disqualifiziere. Ich bin nicht mehr auf der Hut und versuche nicht mehr, mich selbst zu bereichern.

Ich empfange und teile. Ich nehme meine eigenen Ideen und Projekte nicht zu wichtig.

Wenn mir jemand bessere vorschlägt oder nicht einmal bessere, aber gute, akzeptiere ich ohne Umstände. Ich habe aufgehört zu vergleichen. Was gut, wahr und wirklich ist, ist immer das Beste für mich. Deshalb habe ich keine Angst mehr.

Wenn man nichts mehr hat, hat man auch keine Angst mehr.

Wenn man seine Waffen niederlegt und sich von seinem Besitz trennt, wenn man sich Gottvater öffnet, der alles Neue schafft, wird Er die schlechte Vergangenheit auslöschen und uns eine neue Zeit schenken, in der alles möglich ist.«

Ich bin noch nicht frei, aber ich bin so glücklich, es eines Tages zu sein. Vielleicht am Tag meines Todes. Auf diesem menschlichen Abenteuer bin ich Papst Franziskus begegnet, einem Mann von einer unermesslichen Güte. Ich hatte Gelegenheit, mit ihm zu sprechen, und eines Tages hatte ich das Bedürfnis, ihm davon zu erzählen, dass ich von einem Priester missbraucht worden war. Er war sehr berührt. Wie Johannes Paul II. sah auch er mich voller Mitgefühl an und sagte dann: »Wir haben beide dasselbe Glück, wir haben unseren Glauben.« Ein Moment großer Intensität, der mir eine Hilfe fürs Leben ist.

Ein aufrechter Mann

Heute bin ich froh, der Mann geworden zu sein, der ich bin. Zum Teil habe ich dies meiner Mutter und meiner Großmutter zu verdanken, die mich in einem strengen moralischen Rahmen erzogen haben. Sie haben mir die Regeln beigebracht, die ich respektiere. Meine Großmutter zitierte oft moralisch konnotierte Sprichwörter wie etwa »Wer einmal stiehlt, stiehlt immer« und andere Sinnsprüche, die mir im Leben geholfen haben. Kurz bevor sie starb, bat sie mich weinend nach dem Empfang des Sakraments: »Du wirst immer anständig sein, versprichst du mir das?« Und dann sagte sie noch: »Ich hoffe, du wirst den Glauben haben, dass Gott ihn dir schenken wird.« Ich habe ihre Worte immer im Herzen bewahrt. Sie leuchten mir in meinem Leben voran. Ich denke, dass ich Glück hatte, sie in die Tat umsetzen zu dürfen. Ich habe immer um Hilfe gebetet. In der Messe betete ich, dass mich jemand aus meiner Hölle befreien möge. Ich musste lange warten, aber eines Tages sprach meine Großtante und ich konnte gerettet werden. Mein Leben war voller hilfreicher Begegnungen, die mich dabei unterstützt haben, wieder zu Kräften zu kommen und mich aufzurichten. Ihnen verdanke ich es, als Mensch wieder aufrecht zu stehen. Ich weiß, dass ich auch heute noch diesen Halt brauche. So zum Beispiel muss ich meinen Ruhestand gut planen, sonst laufe ich Gefahr, in Depression zu verfallen oder verrückt zu werden. Mein Rückgrat ist niemals ganz wieder geheilt, deshalb brauche ich ständig eine Art Tutor. So ist es und so wird es immer bleiben. Wenn ich das vergesse, gerate ich in eine gefährliche Schieflage. Ich liebe mich so, wie ich bin, mit der Lebenserfahrung, die ich erworben habe, auch wenn jeder Tag ein Kampf ist. Das Leben lebt sich nicht von allein. Jeden Tag frage ich mich, warum ich auf der Welt bin. Wofür ich nütze bin. Ich fühle mich immerfort dazu verpflichtet, meinem Leben einen Sinn zu geben: wohltätig für das Rote Kreuz zu wirken, den Menschen zu helfen, denen ich begegne. Ich werde bis zum Schluss kämpfen müssen. Die Wunde vernarbt zwar, aber sie wird niemals vollständig verheilen.

Ich bin wie ein Schilfhalm, ich beuge mich, ich verbiege mich und ich richte mich wieder auf. Doch in meiner Zerbrechlichkeit fühle ich eine große Kraft, etwas, das nicht leicht zerbricht. Mein Grundstein, meine Basis, ist meine Begeisterungsfähigkeit. Der Missbrauch hat etwas Dunkles in mich gebracht. Wenn ich spüre, dass ich anfange, schwarz zu sehen, lege ich mich schlafen. Ich schöpfe neue Kraft und dann komme ich auch wieder auf die Beine. Erstaunlicherweise ziehe ich es vor, mit meinem eigenen Leiden zu leben als mit dem anderer. Nie würde ich mein Leiden mit dem eines anderen tauschen wollen, denn dieses Leiden ist ein Teil von mir geworden. Habe ich es bezwungen? Ich weiß es nicht. Es ist durchaus möglich. Jedenfalls habe ich mir einen gewissen Fatalismus angeeignet. Ich bin gelassen. Was meine Kinder angeht, so tue ich alles, damit sie das Beste von mir mit auf den Weg bekommen. Für alles andere wird die Vorsehung sorgen.

Ich habe keinerlei Haftungen, weder an Menschen noch an Dinge. Diese Kluft, aber auch die zahlreichen Brüche, die mein Leben für mich bereithielt, haben mir in gewisser Weise die Fähigkeit genommen, mich zu binden. Als Kind habe ich es nicht erlebt. Ich hatte keine Verankerung gespürt und fühle mich noch heute in meiner Seele wie ein herumirrender Vagabund. Gleichwohl hilft mir dieses Gefühl des Abgekoppelt-Seins dabei, mein Leiden besser zu ertragen. Es scheint ein Paradox zu sein, aber so ist es. Ich habe keinerlei Anhaftung an irgendein materielles Gut. An dem Tag, an dem meine Kinder groß sein werden, würde ich mich glücklich schätzen, mein Haus an eine große Familie verkaufen zu dürfen. Mir ist vollkommen bewusst, wie hinfällig das Leben ist. Ich bin nur eine kurze Zeitspanne auf der Welt, und meine Aufgabe besteht darin, Gutes zu tun. Ich lasse niemanden fallen, vor allem nicht die Menschen, die mir geholfen haben, mich wieder aufzurichten. Meine Schwächen kenne ich gut, und ich tue alles, um nicht einzuknicken.

Von dem Moment an, als ich mich dazu entschloss, öffentlich über meinen Missbrauch zu sprechen, habe ich festgestellt, dass ich oft das Bedürfnis hatte, darüber zu reden. Häufig begegne ich Menschen, die ebenfalls missbraucht wurden. Vor einiger Zeit war ich im Vatikan. Ich musste etwas erledigen. Ich traf dort einen Mann, wir fingen an zu reden und ich merkte, dass er wirklich zuhörte. Da erzählte ich ihm die Geschichte meines Lebens. Ich fiel sofort mit der Tür ins Haus und erzählte ihm, dass ich missbraucht worden sei. Er war erschüttert, dann sagte er: »Wie schrecklich! Ich kann Sie gut verstehen, denn ich habe dasselbe durchgemacht wie Sie!« Dann fuhr er fort: »Sind Sie homosexuell?« Und ich entgegnete: »Nein, ich habe eine Familie und sechs Kinder.« Da vertraute er mir an, wie sehr er darunter leide, als Homosexueller im Vatikan zu leben. Nach diesem ebenso ergreifenden wie intimen Gespräch weiß ich, dass ich diesem Mann bis zu meinem letzten Atemzug vertrauen kann, hat er sich mir gegenüber doch so sehr geöffnet, sich mir so anvertraut, als wären wir Brüder. Ich fühlte eine Erleichterung, nachdem ich jemandem von meinen Erlebnissen erzählt hatte, der ebenso gelitten hatte wie ich selbst. Heute kann ich über meine Geschichte ohne Vorbehalte reden. Wenn ich im Vatikan bin, neige ich dazu, jede sich nur bietende Gelegenheit zu nutzen, um über meine Erfahrung zu sprechen, weil die Kirche der Ursprung meines Leidens war. Dennoch stehe ich aufrecht, und ich mag es sehr, wenn ich zeigen kann, dass ein Leben nach einem solchen Leiden möglich ist und dass man die Kirche trotzdem lieben kann.

Im Rahmen der Kirche zu reden, die Würdenträger zum Zuhören zu zwingen, wieder und wieder – für mich ist das so, als würden sie ihre Schuld abzahlen, denn ich weiß genau, dass unter diesen Leuten Pädophile sind. Ich spüre es, und ich würde sie gern dazu anregen, über sich selbst nachzudenken. Ich möchte ihnen auch zeigen, dass ein Missbrauchsopfer darüber zu sprechen wagt und dass die Täter längst nicht mehr so geschützt werden, wie sie vielleicht glauben. Oft höre ich Worte wie: »Ah, ist er schon lange tot?« Wenn die Leute erfahren, dass mein Vergewaltiger noch lebt, werden sie unsicher. Einige dem Vatikan nahestehende Personen bewundern mich geradezu. Sie finden, dass ich sehr mutig bin, wenn ich öffentlich über meinen Missbrauch spreche. Nach Rom zu fahren, schenkt mir Ruhe. Die Kirche ist meine Familie, denn hier habe ich auch großartige Menschen getroffen. Tatsächlich ist mir in all der Zeit nur ein einziger Vergewaltiger begegnet. Ich fände es ungerecht, nur auf die faule Frucht zu zeigen, wenn man doch einen ganzen Korb voller Früchte hat – auch wenn sich Fäulnis oft ausbreitet.

Alle Geschehnisse und Begegnungen, die meinen Lebensweg beeinflusst haben, sind meines Erachtens ein Werk der Vorsehung. Ich habe keine Erklärung dafür, aber ich habe verstanden, dass mich gerade die schlimmsten Erlebnisse auf den Weg gebracht haben, der mich erwachsen werden ließ. Ich musste viel nachdenken, welchen Sinn ich meinem Leben geben, für welche Werte ich eintreten und welchen Weg ich beschreiten sollte. Das Leid, das ich erfahren habe, hat mich gelehrt, anzunehmen, was auf mich zukam, und ich denke, dass ich auf diese Weise mein Gefühl der Ohnmacht überwinden und die Hilfe, die von einer höheren Macht kam, annehmen konnte. Das erste Heim, in dem ich Unterschlupf fand, hieß *La Providence*, also »Die Vorsehung«, und dieses Heim wurde von Ordensschwestern geleitet. Ich sehe darin ein Zeichen, ein Zeichen Gottes. Diesen Ort habe ich in den intensivsten Momenten meines Lebens aufgesucht. Meine Großmutter hat hier bis zu ihrem Lebensende gewohnt, meine Mutter wurde hier gepflegt, ich selbst wurde hier aufgenommen und geliebt. Wie sollte ich dies nicht als Zeichen sehen? Ich fand hier Unterschlupf, Gehör, Schutz und Liebe. Ist dies nicht die Handschrift Gottes?

Pater, ich vergebe Euch

Der 12. November 2016 ist ein sehr besonderes Datum. An diesem Tag treffe ich den Mann, der mich vier Jahre lang missbraucht hat. Ich habe ihn seit 1972 nicht mehr gesehen. Noch zwei Monate zuvor hätte ich mir niemals vorstellen können, so stark zu sein, meinem Peiniger gegenüberzutreten. Doch siehe da, wie so oft im Leben habe ich mich der Notwendigkeit gefügt, die ich tief in meinem Inneren spürte.

Da ich seit einigen Tagen im Bett lag, war ich etwas deprimiert, fühlte mich leer und kraftlos, weil ich einige Treffen würde absagen müssen, die ich für wichtig hielt. Ich nahm ein Buch aus meinem Bücherregal zur Hand, in dem es um die heilige Thérèse von Lisieux ging. Während ich in dem Buch las, dachte ich mir, es sei vielleicht gar nicht so schlecht, dass die Dinge nicht so liefen, wie ich es mir vorgestellt hatte. In den darauffolgenden Tagen ließen die Schmerzen nach und ich konnte wieder Vertrauen schöpfen. Und dann musste ich an Joël Allaz denken. In meinem Inneren spürte ich plötzlich ein sicheres Gefühl: Ich war bereit, ihn zu treffen. Mehrmals las ich mir die im Juli 2016 zusammengetragenen Äußerungen durch und kam zu dem Entschluss, dass ich diesen Mann wiedersehen musste. Da mir nicht danach war, mich allein zu ihm zu begeben, kontaktierte ich Monsignore Charles Morerod und Micheline

Repond, die ihn zu Beginn des Sommers getroffen hatten. Der Bischof organisierte das Treffen.

Erstaunlicherweise empfand ich in den Tagen vor der Verabredung keinerlei Angst. Ich bereitete mich vor, indem ich betete und den Brief meines Vergewaltigers las. Früh am Morgen kamen wir bei strahlendem Sonnenschein an unserem Ziel an. Nachdem wir den Klosterhof betreten hatten, gingen wir zur Kapelle, da ich das Bedürfnis hatte, mich zu sammeln und zu beten. Ich zündete einige Kerzen an, die ich verschiedenen Menschen spendete. Wir gingen wieder hinaus und klingelten. Der Prior öffnete und führte uns ins Refektorium, wo wir bei einem Kaffee auf Joël Allaz warteten. Ich war auf Anhieb überrascht von der heiteren Stimmung, die dieser Ort ausstrahlte. Mehrere Patres betraten den Raum, einige in Begleitung von Laien. Sie begrüßten uns, setzten sich zu uns und aßen Croissants und Gebäck mit uns. Die Anwesenheit des Bischofs schien niemanden sonderlich zu beeindrucken. Ich fühlte mich wohl. Es war die gleiche angenehme Atmosphäre, wie ich sie aus Einsiedeln kannte, es war wie das heitere Zusammenkommen in einer großen Familie. Ich hatte nicht den Eindruck, dass ich gleich den Mann wiedersehen würde, der mich jahrelang vergewaltigt hatte.

Plötzlich öffnete sich die Tür des Refektoriums. Ich drehte mich um. In der Türöffnung stand ein kleiner, runzeliger Mann. Ich habe ihn nicht wiedererkannt, aber ich habe geahnt, dass er es war, weil wir auf ihn warteten und er sich auf uns zubewegte. Mein Peiniger! Ich stand auf, ging auf ihn zu und gab ihm ohne nachzudenken die Hand. Dann hörte ich mich sagen: »Salut, Joël.« Mühsam schob er einen

Rollator vor sich her, sein Schritt war unsicher. Mit dumpfem, fragendem, auch etwas ängstlichem Blick sah er mich an. Dann setze er sich. Der Prior saß zwischen uns. Ich war froh, dass ich ihm nicht sofort in die Augen sehen musste und erst einmal der Konversation mit meinen beiden Begleitern folgen konnte, die mir später sagten: »Joël Allaz wirkte fasziniert. Er hat dich heimlich beobachtet, verstohlen, wie ein Junge, der durchs Schlüsselloch lunzt, obwohl er weiß, dass er das nicht darf. Was sagte dieser Blick, der insistierend und zugleich ausweichend war? Versuchte er, das Bild des kleinen Jungen von damals wiederzufinden? War er überrascht, einen selbstsicheren erwachsenen Mann zu sehen, der ein Gespräch führen kann? Es war schwer, aus seinem Gesichtsausdruck schlau zu werden. Manchmal konnte man beobachten, dass er ganz in Gedanken verloren war, wie abgekoppelt von der Wirklichkeit. An was mag ein Vergewaltiger denken, der sein Opfer nach vierundvierzig Jahren wiedersieht?«

Es ist eine unglaubliche Begegnung. Ich erkenne ihn nicht wieder, den großen Kerl von damals, der so fett war wie ein Schwein, den Priester mit dem riesigen Schwanz, der sich mit seinem ganzen Gewicht auf mich legte und fast zerquetschte, der mich mit seiner ekligen großen, nach Rauch stinkenden Zunge fast erstickte. Viele Jahre lang hatte ich Angst davor, diesem alten Kerl, der mich geküsst hatte, der sein Ding in meinen Mund gesteckt hatte, wieder zu begegnen. Lange Zeit empfand ich Ekel und Furcht, dass etwas in meiner Seele zerbersten könnte, wenn ich ihn wiedersehen würde.

Heute steht ein Mann mit leerem Blick vor mir. Ich beobachte ihn und sehe sein Elend. Ich stehe vor ihm, riesig im Vergleich zu diesem winzigen Mann, dass es mir so vorkommt, als würde er bei der kleinsten, flüchtigsten Berührung in sich zusammensacken. Ich habe gedacht: »Du machst mir wirklich keine Angst!« Etwas verstört bei dem Gedanken, dass dieser kleine, runzlige Typ mir so viel Leid zugefügt haben konnte, hatte ich das Gefühl, dass zwischen der Wirklichkeit von einst und der Wirklichkeit von heute eine Kluft lag. Gefühlt habe ich nichts. Ich fühlte mich nicht mehr als sein Gefangener. Heute stehe ich nicht mehr unter seiner Fuchtel.

Ich wollte mit ihm nicht über damals reden. Ich weiß, was ich erlebt habe, und kenne das Schicksal all der Kinder, die durch seine Hände gegangen sind. Er weiß, was er getan hat. Ich denke, Joël Allaz war erleichtert, mich zu sehen, und vermutlich beruhigte es ihn, dass unser Treffen ohne Aggression vonstattenging. Ich glaube, das Ausmaß des Leids, das er den vielen Kindern angetan hat, die er misshandelte, ist ihm nicht bewusst. Er war süchtig nach Sex mit Kindern und hatte in der ganzen Zeit, in der er diesem Trieb unbehelligt folgen konnte, keinerlei Problem damit, Kinder zu vergewaltigen. Erst ab dem Moment, als jemand mit dem Finger auf ihn zeigte, fühlte er sich bedroht und bekam Angst. Allerdings nicht genug, um aufzuhören.

Ich habe einen armseligen Mann gesehen. Vielleicht hat er sich unbewusst selbst in ein Opfer verwandelt. Man spürt, dass er schwach ist und dass etwas nicht mit ihm stimmt. Es ist irritierend, zu erkennen, dass ein so nichtssagender Typ derartige Verbrechen begangen haben kann. Diese Diskrepanz hat etwas Verstörendes. Es ist seine Art der Manipulation.

Heute ist es für mich möglich, ihn zu sehen, weil ein langer Weg hinter mir liegt. Vielleicht hätte ich fürchten können, eine Art Mitleid für ihn zu empfinden. Doch nichts dergleichen ist eingetreten. Ich denke, er hat gelitten, vor allem in seiner eigenen Kindheit: Er war dick und wurde nicht geliebt. Und ihn jetzt so armselig zu sehen, hat das Leid, das er mir zugefügt hat, in keiner Weise geschmälert. Ich freue mich aber auch in keiner Weise darüber, was aus ihm geworden ist. Ich kann nur feststellen, dass ich keinerlei Emotion mehr gegenüber meinem Peiniger aufbringe. Ich habe alles gesagt, ich fühle mich gereinigt. Diese Begegnung hat mir bestätigt, dass ich alle Schritte gegangen bin, die ich gehen musste. Was damals passiert ist, wurde mit keiner Silbe erwähnt, weil er dazu nicht fähig war. Er hat nichts zu seiner pädophilen Neigung gesagt, nichts von den Dingen, die er mir aufgezwungen hat. Er hat keinerlei Reue geäußert. Wenn er etwas bereuen sollte, so auf rein rationaler Ebene, aber ohne jede emotionale Verknüpfung mit seinen Opfern. Deshalb habe ich ihn auch nicht dazu gedrängt, etwas in der Richtung zu sagen. Es ist nicht mein Problem, sondern seines. Mein Peiniger ist ein schwacher Mensch, der Gewalt einsetzte, um sich durchzusetzen und Beziehungen zu knüpfen. Sein ältestes Opfer ist heute achtundsechzig Jahre alt. Das bedeutet, Joël Allaz fing an, Kinder zu missbrauchen, als er noch kein Priester war. Sein jüngstes Opfer hingegen hat sich nicht öffentlich geäußert, weshalb Pater Allaz weder verurteilt noch bestraft werden konnte.

Ein paar Tage später erhielt ich folgende Zeilen von Joël Allaz:

»Daniel, danke!

Wie man unter uns zu sagen pflegt, wir wissen zwar nicht genau, wo wir hingehen, aber wir wissen, dass wir hingehen, und zwar bald!

Danke, Daniel!

Joël.«

Ich war etwas irritiert von dieser Danksagung, aber auch von der merkwürdigen Formulierung: »wir wissen, dass wir hingehen, und zwar bald«. Meinte er die Erlösung? Sein nahes Ende? Jedenfalls bewahrt sich dieser Mann einen letzten Rest Geheimnis und bleibt unzugänglich.

Und nun, mit etwas Abstand, kann ich sagen, dass ich ihn nicht verurteile. Ich habe stets den Satz von Jesus im Ohr: »Wer von euch ohne Sünde ist, werfe als Erster einen Stein auf sie.« Ich denke, dass ich mir eine Art Nächstenliebe bewahrt habe. Ich hege keinerlei Groll gegen Pater Allaz. Er hielt ganz großartige Predigten, von denen ich wusste, dass sie verlogen waren. Denn während er predigte, sah ich ihn vor mir, nackt wie ein altes Schwein. Einmal, es war an Mariä Himmelfahrt, hielt er eine ergreifende Ansprache. Einige Leute weinten sogar. Aber seine Worte waren nur ein Täuschungsmanöver, weil er mich nach der Messe wie sonst auch vergewaltigte. Er war wirklich krank.

Viele Menschen können nicht verstehen, weshalb ich ihn nicht hasse. Ich habe ihm vergeben, und ich habe mein Leben auf dem Fundament dieser Vergebung aufgebaut.

Je weiter ich komme, desto weniger bereue ich. Dieser Bruch ist mein Segen, weil ich dadurch nicht selbst versuche, die Menschen, die mir begegnen, zu zerstören. Ich nehme mein Leben an, es ist der Weg, den ich zu gehen habe. Ich weiß zwar nicht warum, aber ich akzeptiere ihn. Ich denke, Jesus liebt mich, ebenso wie die Heilige Jungfrau. Als ich zwölf Jahre alt war, kniete ich vor dem heiligen Sakrament nieder sagte: »Jesus, ich verzeihe diesem armen Schwein, denn er hat zwei Gesichter. Er kann nichts dafür. Aber mach, dass ich mich aus seinen Klauen befreie.« Dann habe ich geweint. Ich erinnere mich an diesen Moment, als wäre es gestern gewesen. Dass ich ihm in diesem Alter verzeihen konnte, bedeutet, dass ich ihn für seine Taten nicht hasse. Ich habe mich oft gefragt, warum ich meinem Peiniger verzeihen konnte, wo ich doch noch ein Kind war. Und wie sieht es heute aus? Die Vergebung hat nichts mit der menschlichen Justiz zu tun und auch nicht mit der Entschuldigung, die das Problem verkennt. Die Tatsachen sprechen für sich.

Die Vergebung steht über allem. Die Vergebung heilt weder die Wunde noch löscht sie das zugefügte Leid aus. Die Vergebung bedeutet, dass ich in meinem Peiniger einen Menschen sehe, der Verantwortung trägt. Mit dieser Vergebung fühle ich mich nicht mehr an ihn gebunden, ich bin nicht mehr von ihm abhängig. Ihm zu vergeben, hat es mir ermöglicht, die Ketten zu sprengen, die mich an ihn fesselten und die mich daran gehindert hätten, zu leben.

Ich bin froh über diese Erfahrung. Ich konnte diesem Mann begegnen, ohne mich an ihn gebunden zu fühlen, weder durch Hass noch durch Rachsucht. Deshalb denke ich, dass die Vergebung in keiner Weise voraussetzt, dass der Peiniger um sie bittet. Ich selbst habe dafür nicht lange gebraucht. Ich weiß nicht warum, aber ich habe ihm vergeben und dies nie wieder infrage gestellt. Vielleicht hatte ich eine Herzenswärme, wie sie nur Kinder aufzubringen vermögen? Die Begegnung im November hat an meiner Entscheidung nichts geändert. Der Titel des Buchs *Pater, ich vergebe euch* ist wörtlich zu nehmen Ich empfinde weder Respekt noch Mitleid für meinen Peiniger. Ich habe ihm vergeben. Heute bin ich frei.

Gespräch

Pater Joël Allaz, Charles Morerod, Bischof von Lausanne, Genf und Fribourg, und Micheline Repond am 15. Juli 2016

Mehrere Umstände lassen es zu, ein Gespräch mit Pater Joël Allaz in die Wege zu leiten. Den Anstoß dazu gab die Frage, die der Papst Franziskus an Daniel richtete: »Hast du deinen Peiniger getroffen?« Kurz darauf sagte Charles Morerod, Bischof der Diözese Lausanne, Genf und Fribourg, zu Daniel, dass er ein weiteres Opfer von Pater Joël Allaz kennengelernt habe und daraus ein Briefwechsel hervorgegangen sei. Der Bischof unternahm daraufhin die nötigen Schritte beim Provinzial des Schweizer Kapuzinerordens und bei Pater Joël Allaz. Einem Gespräch wurde zugestimmt.

Daniel ist der Überzeugung, dass eine Aussage seines Schänders einen interessanten Beitrag zur Aufklärung leisten könnte. Ihn persönlich zu treffen lehnt er allerdings vorerst ab. Wir haben Juli 2016, es ist noch zu früh. Die emotionale Belastung könnte zu groß sein, und in der jetzigen Situation ist es besser, keine unnötigen Risiken einzugehen. Daher schlägt mir Daniel vor, an seiner statt das Interview zu führen. Nach reiflicher Überlegung willige ich ein, diesen

Mann zu treffen Ich verfüge über eine gewisse Erfahrung in der Gesprächsbegleitung. Dass sich Pater Joël Allaz bereit erklärte, dieses Gespräch zu führen, ließ mich aufhorchen. Ich gehe davon aus, dass ihm die Entscheidung nicht leichtgefallen ist, denn es kommt nicht gerade häufig vor, dass sich ein Pädophiler öffentlich zu seinen Verbrechen äußert und bewusst seiner Vergangenheit stellt. Der Bischof willigt ebenfalls ein, dabei zu sein, und so findet am 15. Juli 2016 in einem Gemeindezentrum der Deutschschweiz das Treffen statt – einem neutralen Ort, denn Pater Joël Allaz darf kein Amt mehr bekleiden. Zum Zeitpunkt, da dieses Gespräch stattfindet, ist das Buch fast fertig. Weder Pater Joël Allaz noch der Bischof kennen seinen Inhalt. Erschüttert musste ich feststellen, dass die Wahrnehmung, die der kleine Daniel von seinem Peiniger hatte, sehr nah an der Wirklichkeit war.

Ich habe mich dazu entschlossen, das Zeugnis von Pater Joël Allaz hier niederzuschreiben. Es spiegelt den Ablauf der Sitzung, in der es viele Momente des Schweigens, des Zögerns und des Unverständnisses aufseiten von Daniels Peiniger gab, getreu wider

Micheline Repond

M.R.: *Pater, Sie haben sich bereiterklärt, uns zu treffen und über den Missbrauch zu sprechen, den Sie an Daniel begangen haben. Warum?*

J.A.: Ich würde sagen ... Ich glaube, dass ich das Bedürfnis hatte ... nicht es auszuradieren, aber um die Situation anzunehmen. Nicht Gott muss ich in erster Linie um Vergebung bitten, sondern meine Opfer. Deshalb habe ich mich entschieden, dass ich einem Treffen oder einer Aussage zustimme, wenn eines von ihnen mich darum bittet. Wie soll ich sagen ... Für mich ist es so, als würde ich eine Schwelle überschreiten. Im Übrigen möchte ich meine Taten eingestehen. Ich kann Ihnen versichern, dass das wirklich nicht leicht ist. Ich durchlebe Momente der Angst, der Depression, der Verzweiflung ... Die letzten Monate waren sehr schwer. Zu meinen gesundheitlichen Problemen kamen die Erinnerungen ... Meine Vergangenheit holt mich ein, steigt in mir auf ... Ich habe die Bilder von all diesen Kindern vor Augen, all diesen jungen Menschen ... Und ich sage mir, dass ich an einem Massaker teilgenommen habe. Ja, ich habe am Massaker der Unschuld teilgenommen. Heute weiß ich, dass die Vergebung, oder besser die Versöhnung nur durch ein Gespräch von Angesicht zu Angesicht, durch den wörtlichen oder schriftlichen Austausch mit meinen Opfern stattfinden kann.

M.R.: *Ist es das erste Mal, dass Sie sich öffentlich auf diese Weise äußern?*

J.A.: Ich habe mit meinen Psychiatern über meine Taten gesprochen – ich bin noch in Behandlung, müssen Sie wissen – und mit meinen Vorgesetzten in der Hierarchie. Aber noch nie mit jemandem außerhalb meines persönlichen Umfelds. Ich glaube, ich habe das Bedürfnis, ein wenig Licht in die Situation zu bringen und anzuerkennen, dass ich Unrecht getan habe, ganz einfach. Ich habe versucht, einige der Opfer ausfindig zu machen, aber es stellte sich als sehr schwierig heraus ... Leider kann ich mich nicht mehr erinnern. Als Monsignore Morerod mich kontaktierte, um mir zu sagen, dass Daniel in einem Buch über seine Geschichte Zeugnis ablegen wollte, muss ich zugeben, einen Moment gezögert zu haben. Das war gar nicht so einfach ... Aber nach gründlicher Überlegung habe ich der Anfrage zugestimmt. Meine Vorgesetzten zeigten sich offen. Mein Psychiater fand die Idee interessant, zumal er nie zuvor von einer solchen Vorgehensweise gehört hatte. Nachdem meine Entscheidung gefällt war, bekam ich zwar Angst, aber ich war auch erleichtert. Heute schwanke ich, ich bewege mich auf dünnem Eis. Zuweilen geht es mir gut, weil ich ein Hobby habe, ich fotografiere. Ich spaziere durch die Stadt, gehe in den Wald oder bleibe im Klostergarten. Doch dann, ganz plötzlich, geht es mir schlecht. Ich bin bipolar, wie man in der Psychiatrie sagt. Oft sehe ich einfach nur schwarz.

M.R.: *Daniel erwartet von Ihnen nur eines. Er hat mir gesagt: »Ich wünsche mir, dass er ehrlich ist.« Die Wahrheit liegt ihm sehr am Herzen, er muss sich sicher sein, dass Sie ehrlich sind. Sind Sie dazu in der Lage?*
J.A.: Ich werde versuchen so ehrlich wie möglich zu sein.

M.R.: Was auf ihrem persönlichen Weg hat Sie dazu gebracht, so viele Kinder zu missbrauchen?

J.A.: Das ist die Grundfrage, die mich ununterbrochen beschäftigt. Ich denke an nichts anderes. Bis heute weiß ich es nicht, ich habe keine Antwort gefunden. Seit meiner Kindheit habe ich eine homosexuelle Neigung gespürt, so viel ist klar. Aber warum mit Kindern? Warum ich? Warum ...? Ich weiß es nicht. (*Schweigen*) Ich denke, dass ich irgendwie so tat, als würde ich es nicht sehen ... Wenn ich spürte, dass gewisse Dinge in mir aufstiegen, sagte ich mir: »Was du da tust, ist schrecklich!« Dieses Bewusstsein hielt eine Weile vor, dann fing es von vorne an.

M.R.: Dennoch haben Sie Daniel oft erzählt, dass Sie selbst von einem Priester »sexuell eingeführt« wurden.

J.A.: Nein. Das stimmt nicht.

M.R.: Das haben Sie ihm aber erzählt ...

J.A.: Zögern ... Ich hatte einen Kumpel ... ja, einen Freund in meinem Alter, mit dem ich eine sexuelle Beziehung hatte. Ich war elf, zwölf Jahre alt. Diese Beziehung hatte etwas von Sexspielen ... Ich war wirklich verliebt in diesen Jungen ... (*Schweigen*) Habe ich Daniel von dieser Beziehung erzählt? (*Schweigen*) Ich kann mich nicht erinnern.

M.R.: Ich möchte, dass Sie mir, wenn das möglich ist, die Umstände erklären, unter denen Sie das erste Mal zur Tat schritten. Haben Sie sich die Vergewaltigung lange vorher ausgemalt, bevor Sie sie dann in die Tat umsetzten? Haben Sie moralische Bedenken gehabt? Was hat Sie dazu gebracht, umzukippen?

J.A.: Mein Gedächtnis ist ein einziges Chaos ... Ich habe Probleme mich zu erinnern ... *(Schweigen)* Der erste ...? Ich kann mich nicht erinnern. Ich hatte schon in der Oberschule sexuelle Beziehungen zu meinen Klassenkameraden. Aber das erste Mal... Ich erinnere mich nicht.

M.R.: *Sie können sich nicht an den Moment erinnern, in dem Ihnen die Sache entglitt, an den Moment, in dem Sie es ...?*
J.A.: Nein, ich weiß es nicht mehr ... *(Schweigen)* In der Oberschule hatte ich sexuelle Beziehungen zu meinen Altersgenossen. Anfangs waren die Jungen genauso alt wie ich. Dann wurde ich größer, aber meine Partner hatten immer dasselbe Alter. Ich wurde immer älter, aber sie blieben sehr jung. Sie waren nie älter als dreizehn. Warum dieses Alter? Das ist die Frage. Der Abstand zwischen meinen Partnern und mir wurde immer größer. Ich wurde alt, aber meine Opfer blieben jung.

M.R.: *Sie sprechen von Opfern. Hielten Sie sie damals auch schon für Opfer?*
J.A.: Nein, überhaupt nicht. Das Wort Opfer kam später, als die Wirklichkeit meiner Taten in der Presse bekannt wurde. Damals hatte ich andere Wörter im Kopf, die ich nicht aussprach. Aus Unwissenheit? Ich habe keine Ahnung. In meinem Kopf geht alles durcheinander.

M.R.: *In Ihrem Kopf geht viel durcheinander?*
J.A.: Ja, ja, ich weiß nicht mehr genau, wo ich stehe ...
(Langes Schweigen)

M.R.: Welche Erinnerungen haben Sie an Daniel?

J.A.: Ich habe nur wenige. Es ist so lange her ... Fast fünfzig Jahre. Ich erinnere mich an einen Jungen, der ... wie soll ich sagen ... ich will nicht sagen verschlossen .. jedenfalls war er nicht gerade redselig ... (*Schweigen*) Es ist seltsam, ich kann mich erinnern, das Daniel am Anfang ins Kloster kam... und ganz plötzlich sagte er mir, dass er nicht mehr kommen will. Ich habe ihm gesagt: »Gut, einverstanden.« Daran erinnere ich mich. Und dann habe ich jede Beziehung zu ihm abgebrochen. (*Schweigen*) Heute macht mir Daniel Angst ... Ich habe so schreckliche *Sachen* mit ihm gemacht, und jetzt hält er mir eine Wirklichkeit vor Augen, die ich geschehen ließ, an die ich lange nicht gedacht habe ... (*Schweigen*) Es ist schrecklich ...

M.R.: Ist es so, als hätten Sie keine oder nur wenige Erinnerungen an das, was Sie getan haben?

J.A.: Ja, so ist es. Ich habe große Gedächtnislücken, ich bin ganz verwirrt ...

M.R.: So als wenn es Ihnen, wenn Sie Ihr Gedächtnis verlieren und sich nicht mehr an die schrecklichen Taten erinnern, die Sie begangen haben, helfen würde, ein normales Leben zu führen.

J.A.: Nein, ich würde nicht sagen, dass mir das hilft besser zu leben. Eine Zeit lang habe ich an Suizid gedacht. Aber ich habe mich entschieden, nicht zu sterben, weil ich gewissen Leuten und Feinden von mir nicht den Gefallen tun wollte. Ich spreche nicht von meinen Opfern, sondern von anderen Leuten, einigen Mitgliedern meiner Familie zum Beispiel, die denken würden: »Ah, dieser Dreckskerl, endlich ist er krepiert!« Aus diesem Grund habe ich mich nicht umgebracht. (*Nervöses Lachen.*) Das ist nicht ganz in Ordnung ... (*Schweigen*)

M.R.: *War Ihnen von Anfang an bewusst, dass das, was Sie den Kindern angetan haben, sträflich und schrecklich war oder war es erst notwendig, dass Daniel Sie anzeigt?*
J.A.: Nein, ich bin mir meiner Taten bewusst, es ist unerträglich. (*Schweigen*) Warum? Früher habe ich mich nach einer Beziehung oft gefragt: »Oh mein Gott, was hast du angerichtet?« Ich stellte mir diese Frage, ich dachte sogar daran, mich therapieren zu lassen ... Aber ich habe mich zu sehr im Kreis gedreht ... Ich kann mich an den Tag erinnern, an dem ich zum ersten Mal in die Psychiatrie ging. Ich lief zu Fuß durch die Stadt. Ich wusste nicht mehr, wohin ich gehen sollte. Plötzlich sah ich ein Schild, auf dem stand: »Klinik«. Ich dachte: »Dahin gehe ich.« Ich stürzte förmlich die Straße entlang, fing an zu weinen und weinte und weinte, dann ging ich in die Notaufnahme und sagte zu der Krankenschwester, die mich aufnahm: »Ich bin pädophil, können Sie mir irgendwie helfen?« Von diesem Tag an habe ich angefangen ... wie soll ich es ausdrücken ... den Stall auszumisten.

M.R.: *Ist das lange her?*
J.A.: Ich war noch in Frankreich. Es muss mehr als zehn Jahre her sein, aber ich hatte schon viel früher das Bedürfnis, mich in Behandlung zu begeben. Ich habe mir Adressen von Ärzten besorgt ... Ich war damals sehr beschäftigt und ich

glaube, dass ich mich nicht getraute, diesen Schritt zu gehen. Ja, das ist es möglicherweise.

M.R.: *Was hat Sie daran gehindert, den Schritt zu gehen?*
J.A.: Was mich davon abgehalten hat? Die Tatsache, zugeben zu müssen, dass ich ein Monster bin. Das lastete auf mir ... Diese letzten Jahre waren ein bisschen verrückt für mich ... (*Er atmet keuchend*) Aber es ist nach wie vor schwer.

M.R.: *Wenn Sie das Wort »Monster« gebrauchen, was genau meinen Sie damit?*
A.L.: Ein monströser Mensch, abstoßend.

M.R.: *Und Sie erkennen sich in diesem Menschen wieder?*
L.A.: Ja, ja ...

M.R.: *Oder sagen Sie nur, dass Sie ein Monster sind und erkennen sich selbst nicht wieder?*
J.A.: Doch, ich erkenne mich wirklich darin wieder. Das Monstrum bin ich ... Ich bin dieser monströse Pädophile, der eine Serie von Opfern hinterlassen hat ... Es ist abstoßend ... (*Schweigen*)

M.R.: *Daniels Kindheitserinnerungen zufolge war er überrascht von der Doppelgesichtigkeit Ihrer Persönlichkeit. Sie hielten großartige Predigten in der Kirche und einen Moment später vergewaltigten Sie ihn in der Sakristei.*
J.A.: Ja, ich war irgendwie schizophren, ich hatte zwei Persönlichkeiten.

M.R.: Haben Sie das damals so empfunden?

J.A.: Ja, und ich empfinde es heute immer noch so. Ich bin gespalten. Ein Teil von mir ist auch heute normal und ein anderer ist monströs. Ich bin mir dessen bewusst, was ich getan habe und ich sage mir: »Ist das denn überhaupt möglich?«

M.R.: Sie sagen, dass Sie sich gespalten fühlten. Bedeutet das, Sie haben einen Teil Ihrer Wirklichkeit verleugnet?

J.A.: Nein, so weit würde ich nicht gehen. Ich habe die Sachen, die ich begangen habe, nie geleugnet. Ich habe nie etwas geleugnet, nein... Das ist seltsam...

M.R.: Wenn Sie nie etwas geleugnet haben, bedeutet das dann, dass der Drang zur Tat stärker war als das Bewusstsein, etwas Unrechtes zu tun?

L.A.: Ja, genau. So ist es. Es war stärker als ich, bis zu dem Moment, als ich sagte: »Das reicht!« Das war, als ich vor fünfzehn Jahren in die Psychiatrie ging. Mehrere Psychiater kümmerten sich um mich. Ich finde das schwierig, weil es bedeutet, ständig von vorn anzufangen. Ich habe oft dieselben Sachen gesagt. Mit meinem gegenwärtigen Psychiater versuche ich, einen Schritt nach vorn zu machen, eine Kontinuität herzustellen, die mir hilft, etwas klarer zu sehen.

M.R.: Was wollen Sie mit Ihrer Therapie herausfinden?

L.A.: Ich würde gern wissen, wer ich bin. Bin ich nur dieses Monstrum? In der Diözese Lausanne, Genf und Fribourg habe ich im Bereich Bildung gearbeitet. Ich mochte diese Arbeit sehr. Aber alles, was ich Gutes getan habe, wurde durch meine abscheulichen Taten zunichte gemacht. Ich fühle mich allein wie in einer Art Blase, allein mit mir selbst, abgeschnitten von der Welt, so als würde ich mit meinem Kopf gegen eine Mauer schlagen. Ich sehe keinen Ausweg. Ich darf kein Pfarramt ausüben, nicht einmal in der Gemeinschaft. Ich bin vollkommen von der Welt abgeschnitten. Wenn ich durch die Stadt gehe und die Menschen auf mich zukommen, wenn sie mich grüßen oder mich fragen, woher ich komme, fange ich an zu zittern. Neulich bin ich einer Tibetanerin begegnet, die mir einen Vortrag über Chinas Politik hielt. Ich habe ihr gespannt zugehört, dann ist sie wieder gegangen. Diese Begegnung hat mir gutgetan. Aber wenn gewisse Personen auf mich zukommen, mich grüßen und fragen, woher ich komme, fange ich an zu zittern, wenn auch weniger als früher ...

M.R.: *Sie zittern, weil Sie Angst haben?*
J.A.: Ja, ich habe Angst, dass man mich erkennt.

M.R.: *So als wenn Ihnen Ihre Taten auf die Stirn geschrieben stünden?*
J.A.: Ja, ja. Ich habe das Gefühl, dass man es mir ansieht und ich habe Angst.

M.R.: *Hatten Sie Angst erkannt zu werden, bevor die Dinge öffentlich gemacht wurden?*
J.A.: (*Zögern*) Ich glaube nicht, jedenfalls weniger als jetzt. Ich habe Angst, seit die Menschen es wissen. Meine Freunde und die meisten Mitglieder meiner Familie haben sich von mir abgewandt. *Schweigen.* Ich glaube, die Scham, etwas so

Schreckliches getan zu haben, macht selbst mir Angst, und deshalb kann ich auch nicht mehr auf andere zugehen. Nicht zuletzt aus diesem Grund habe ich der Zusammenarbeit mit Ihnen zugestimmt.

M.R.: Eben haben Sie gesagt, dass Sie sich der Schwere Ihrer Vergehen bewusst waren, aber etwas Mächtigeres Sie dennoch gezwungen hat, diese Dinge zu tun. Hat das etwas mit Trieben zu tun?

J.A.: Ein Trieb, gewiss. Ich verstehe nicht, woher meine Frühreife auf diesem Gebiet kam. Ich verstehe nicht, warum ich eine Zeit lang damit aufhören konnte und dann wieder angefangen habe, ohne etwas dagegen tun zu können. Es kommt mir so vor, als wäre ich süchtig gewesen, so wie andere Menschen süchtig nach Alkohol sind. Aber warum habe ich diese Sucht entwickelt? Einige Psychiater haben mir erklärt, dass die Pädophilie ein genetisches Problem sei, andere haben behauptet, es sei wie bei der Homosexualität, man werde eben so geboren, noch andere meinten, die Gründe seien in der Familie zu finden. Als Kind hatte ich jedenfalls keinerlei Probleme, abgesehen von meinen homosexuellen Erfahrungen ... aber das ist nicht dasselbe.

Mgr. C.M.: In der Tat erklärte mir eine Psychologin, die ich zu den möglichen Präventionsmaßnahmen befragte, dass es keine einhellige Meinung über die Gründe für eine bestimmte sexuelle Orientierung eines Menschen gebe.

J.A.: Deshalb arbeite ich weiter mit einem Psychiater daran. Ich muss es wissen.

M.R.: Wie definieren Sie den Trieb, den Sie fühlten?

J.A.: Ich weiß nicht so recht. Es hatte nichts Gewaltsames an sich. Aber der Trieb kam auf einmal durch. Bei Daniel habe ich ihn das erste Mal in der Sakristei der Kathedrale gespürt, aber an dem Tag ist noch nichts passiert. Er wohnte in dem Viertel, in dem sich auch das Kloster befand, und er kam zu mir. Wir haben geredet ... Ich weiß nicht mehr worüber, und er hat mich gefragt, ob er das Kloster sehen könne. Ich glaube, da ist es dann passiert. Das erste Mal mit ihm.

M.R.: Würde es Ihnen helfen, wenn Sie die Gründe für Ihre sexuelle Anziehung gegenüber Kindern kennen würden?

J.A.: Ich glaube, ich könnte dann besser damit leben. Eines Tages sagte ein Psychologe zu mir: »Stecken Sie Ihre Last in eine Kiste, verschließen Sie sie gut, aber verlieren Sie nicht den Schlüssel.« Ich muss mich wohl damit abfinden, dass ich die Gründe für diese Neigung niemals erfahren werde.

M.R.: Haben Sie eine Vorstellung davon, wie Ihre Opfer die Gewalttaten empfunden haben, die Sie ihnen angetan haben?

J.A.: Als ich vor Gericht aussagen sollte, habe ich die Namen einiger Opfer genannt. Einige haben sich gefragt, warum ich die Namen preisgegeben habe, es sei doch so lange her. Das hat mich sehr erstaunt. Ich habe nichts gefühlt. Also ... (*Schweigen*)

M.R.: Was würden Sie Daniel heute sagen, wenn er hier wäre?

J.A.: Ich kann mich erinnern, dass mir Daniel einen Brief geschrieben hat, in dem er sagt, ich müsse ebenso gelitten haben wie er. Als ich diese Worte las, habe ich gedacht: »Ach, das schreibt er! Wie recht er hat!« (*Schweigen*) Ich habe wirklich gelitten. (*Schweigen*)

M.R.: Ich habe Sie gefragt, was Sie Daniel sagen würden, wenn er hier wäre, und Sie haben mir eine Antwort gegeben, die sich sehr stark auf Sie selbst bezieht, denn Sie haben gesagt, dass Sie ebenfalls sehr leiden mussten. Können Sie einen Moment lang Ihr eigenes Leid ausklammern und sich auf das Leid Ihrer Opfer konzentrieren?

L.A.: Ja, um ehrlich zu sein, ja. Es ist völlig klar, dass mich das Leid der Opfer betroffen macht.

Mgr. C.M.: Kommt es vor, dass Sie zu sich selbst sagen, dass die Menschen, die Sie verletzt haben, böse auf Gott sein müssten? Beten Sie für sie?

J.A.: (*Schweigen*) Es ist klar, dass ich oft darüber nachdenke, aber ich kann Gott nichts auferlegen. Manchmal bete ich und Gott antwortet nicht. Ich spüre zuweilen das Schweigen Gottes.

M.R.: Was in Ihnen ein Gefühl der Einsamkeit hervorruft.

J.A.: Eher einer Art Angst.

Mgr. C.M.: Daniel hat es bemerkenswerterweise geschafft, zwischen seinem eigenen Leiden und der Tatsache zu unterscheiden, dass Sie Priester sind; er hat seinen Glauben nicht verloren. Viele Opfer haben ihren Glauben aufgegeben, nachdem sie von einem Priester missbraucht worden sind. Vergrößert das Ihr eigenes Leid?

J.A.: Ich habe die Frage nicht verstanden ...

Mgr. C.M.: Ein Priester ist ein Mann des Vertrauens, weshalb das vom Opfer empfundene Gefühl, verraten worden zu sein, über die Maßen groß ist. War Ihnen Ihre Rolle und das natürliche Vertrauen, das Ihnen die Gläubigen und erst recht die Kinder entgegenbrachten, bewusst?

J.A.: Ja, natürlich. Und das belastet mich. Ich habe das Gefühl, ein Verräter zu sein, ein Judas. Wenn ich die Bibel lese, denke ich immer an ihn.

Mgr. C.M.: Aber Sie sind nicht nur Judas?

J.A.: Ich denke, Judas muss auch andere Seiten gehabt haben. Ich fühle in mir eine Zweiteilung, die mir Angst macht. Ich frage mich, ob ich im normalen Leben noch immer in zwei Teile gespalten bin.

M.R.: Welche Anzeichen lassen Sie denken, dass Sie in zwei Teile gespalten sind?

J.A.: Vor allen wegen der Träume. Ich hatte jahrelang immer wieder denselben Traum. Ich habe geträumt, dass ich zwei bin. Es war ein schrecklicher Traum, ein Albtraum. Jemand klingelte an der Tür, ich ging und öffnete sie und da stand ich mir selbst gegenüber oder jemandem, der so aussah wie ich. Das andere Anzeichen, das mich denken lässt, dass ich in zwei Teile gespalten bin, ist das Gefühl, von der Welt abgeschnitten zu sein. Als wäre ich abgekoppelt von der Wirklichkeit.

M.R.: Haben Sie dieses Gefühl schon lange?

J.A.: Sehr lange schon. Anfangs war es glaub ich weniger stark ausgeprägt, aber seit ich mir meiner Taten bewusst geworden bin, hat sich dieses Gefühl sehr verstärkt. Ich kann mich erinnern, dass der Psychiater, der mich für die Gerichtsverhandlung untersucht hat, von einer gespaltenen Persönlichkeit gesprochen hat.

M.R.: Hatten Sie als Kind auch schon dieses Gefühl?

J.A. Ja, ich hatte dieses Gefühl schon damals, es war, als wäre ich abgeschnitten von der Welt, als würde ich in meiner eigenen Welt leben. Ich war dick und hatte Probleme, Beziehungen zu knüpfen. Die ganze Zeit hatte ich das Gefühl, zwei Persönlichkeiten zu haben. Ich verstand mich sehr gut mit älteren Menschen. Ich setzte mich oft zu einer Nachbarin rüber, die um die achtzig Jahre alt war. Ich liebte es, mit ihr zu reden. Niemand wusste von dieser Seite an mir. In der Schule galt ich als stiller, schweigsamer Junge. Ich war immer geistesabwesend. Meine Lehrerin sagte zu mir: »He, Germain – das ist mein Taufname –, du schwebst schon wieder zwischen den Wolken!« Ich hatte eine verträumte Seite, ich hatte das Gefühl, neben mir zu stehen. *(Beschleunigter Atem)* Doppelt ... Dieses Gefühl nahm unterschiedliche Formen an, aber ... *(Schweigen)*

M.R.: Am Anfang des Gesprächs haben Sie gesagt, dass Sie schon sehr früh sexuelle Beziehungen zu Ihren Altersgenossen hatten und auch später, als Sie älter wurden, Beziehungen zu Kindern in diesem Alter beibehalten haben. Haben Sie das Ge-

fühl, nicht wirklich erwachsen geworden zu sein, so als wäre
ein Teil von Ihnen, vielleicht die zweite Seite, im Alter von 12
Jahren stecken geblieben?
J.A.: Ja, irgend so etwas muss es sein. Ich habe mich an der
Grenze von zwölf Jahren festgehakt. Und dieses Gefühl habe
ich heute immer noch, aber ich verstehe nicht warum.

M.R.: Sie haben sich an der Grenze von zwölf Jahre festgehakt.
Können Sie dieses Gefühl genauer beschreiben?
J.A.: Heute bin ich sechsundsiebzig Jahre alt, und ich habe
Angst vor Erwachsenen. Ich kann mich erinnern, dass man
mich einmal gebeten hat, Erwachsene zu unterrichten. Ich
bekam fürchterliche Panik, weil ich das Gefühl hatte, nicht
fähig zu sein, mich mit Erwachsenen zu konfrontieren. Am
Ende habe ich es zwar getan, aber es hat mich ungeheuerliche
Mühen gekostet. Dieses Gefühl vor einer Kluft zu stehen,
habe ich noch immer, und es macht mir schreckliche Angst.
Ich habe keine wirkliche Erklärung für dieses seltsame Gefühl.

M.R.: So als hätten Sie die Schwelle von zwölf Jahren nie über-
schritten? Haben Sie sich im Alter von zwölf Jahren verlassen
gefühlt?
J.A.: Ja. Meine Familie hat eine entscheidende Rolle bei meinen Lebensentscheidungen gespielt. Meine Mutter hatte nur
einen Traum: Sie wollte einen Priester zum Sohn. Da ich der
Erstgeborene war, hatte ich das Recht auf diese Last. Ich hatte großes Interesse am Priesteramt, aber die Entscheidung
war durchaus problematisch. Ich werde Ihnen erzählen,

warum ich akzeptierte, Priester zu werden. Die Geschichte geht auf meine Kindheit zurück. Ich ging schon zur Schule. Während einer Katechismus-Stunde erklärte uns der Priester, dass es verboten sei, den Altarstein zu berühren, weil man sonst sterben könne. Es war ein Sakrileg. Ich konnte das nur schwer glauben, weil ich dachte, es sei unmöglich. Eines Tages wollte ich es nachprüfen. Ich ging in die Pfarrkirche, schaute nach ob auch niemand da war, kletterte auf den Altar und berührte den Stein, vor Angst zitternd. Und es ist rein gar nichts passiert! Da sagte ich mir: »Diese Dreckskerle! (*Er hämmert auf den Tisch*) Sie erzählen nur Märchen!« Nach diesem Erlebnis blieb in mir die Frage haften: »Gott, wer soll das sein?« Mein Wunsch Priester zu werden beziehungsweise Theologie zu studieren beruhte also auf dieser Lüge. Meine Entscheidung Priester zu werden, hatte zwei Gründe: Ich wollte eine Antwort auf diese Frage finden und ich wollte meiner Mutter einen Gefallen tun.

M.R.: *Wenn Sie sagen, Sie hätten diese »Last« akzeptiert, bedeutet das, Sie haben es als Last empfunden?*
J.A.: Hier geht es vor allem um die Last der Verantwortung. In den ersten Jahren habe ich es wirklich gemocht. Ich stellte mir viele Fragen, auf die ich bis heute keine Antwort habe. Manchmal denke ich, ich bin völlig gaga.

M.R.: *Mit »gaga« meinen Sie verrückt?*
J.A.: Nein, nicht ganz. Ich würde sagen: anders. Als Kind nannten sie mich »Wampe«. Als ich sehr jung war, hatte ich unzählige Spitznamen. Sie nannten mich sogar »Zeus« we-

gen meines Familiennamens »Allaz«! Diese Namen gab man mir aus unterschiedlichen Gründen. Erstens, weil ich so dick war, und zweitens, weil ich ein Träumer war und Gedichte schrieb.

Mgr. C.M.: Hatten Sie das Gefühl, dass die Menschen, die älter als zwölf Jahre waren, Sie nicht akzeptierten, weil Sie so anders waren?
J.A.: Tja, daran habe ich noch gar nicht gedacht! Ich werde mit meinem Psychiater darüber sprechen.

Mgr. C.M.: Sie müssen Mühe gehabt haben, sich selbst zu akzeptieren, wenn sich die Leute so über Sie lustig gemacht haben. Die Vorstellung, sich von Kindern lieben zu lassen, weil die Erwachsenen Sie nicht liebten, könnte eine plausible Erklärung sein.
J.A.: Oh ja! Ich war oft im Abseits, aber ich begab mich auch selbst ins Abseits. Ich kann mich erinnern, dass ich bei Familienfesten vom einen Moment zum anderen aus dem Raum gehen musste, weil ich die Leute nicht ertragen konnte. Ich ging nach draußen und betrachtete den Mond. Ich kann mich an den Tag meiner ersten Messe erinnern. Ich war vollkommen neben der Spur deshalb. Ich war erstaunt, dass ich bei dieser Gelegenheit mitten unter Leuten war. Meine ganze Familie, das ganze Dorf war begeistert. Und ich sagte zu mir selbst: »Was machst du da eigentlich?« Am Tag der Priesterweihe lag ich ausgestreckt auf dem Boden und fragte mich, ob ich aufstehen du schreien sollte: »Ich will das nicht!« Diese Erinnerung ist mir gerade eben durch den Kopf gegangen,

während des Sprechens. Ich fühlte mich wie abgeschnitten von der Wirklichkeit, ich war nicht eins mit mir. Dann habe ich durchgehalten, weil ich Theologie studieren konnte. Ich liebte die Theologie, wegen der Fragen, mit denen ich mich beschäftigen konnte.

M.R.: *Und Sie haben auch Psychologie studiert, nicht wahr?*
J.A.: Ja, ich habe Psychologie in Genf studiert. Ich wäre gern Journalist geworden. Man sagte mir, es werde jemand gebraucht, der sich mit Pädagogik und Psychologie auskennt. Vor allem habe ich die Kurse von Piaget besucht. Insgeheim habe ich gehofft, dass mir das Studium dabei helfen würde, meine Schwierigkeiten zu überwinden, aus der Sache rauszukommen. Aber das Studium der Psychologie hat mir nicht geholfen, da wir nicht über dieses Thema gesprochen haben.

M.R.: *Wenn Sie sagen »aus dieser Sache«, meinen Sie damit Ihre pädophilen Neigungen?*
J.A.: Ja. Ich spürte sie ja nicht nur, ich wusste, dass sie da waren, ich lebte sie.

M.R.: *Wenn Sie heute einem Pädophilen gegenüberstünden, was würden Sie ihm sagen?*
J.A.: Ich habe mir diese Frage schon gestellt. Der Pädophile sollte wissen, dass er pädophil ist, dass er daran nichts ändern kann. Aber er muss sich Grenzen setzen. Er darf seine Neigung nicht in die Tat umsetzen, sondern muss sich helfen lassen. In der Theorie ist das leicht gesagt. In der Praxis sieht das allerdings anders aus.

M.R.: *Denken Sie, man kann von der Pädophilie geheilt werden?*

J.A.: Nein, man kann nicht von der Pädophilie geheilt werden. Das spüre ich. Aber dafür kann man sich enthalten.

M.R.: *Einverstanden. Aber wie?*

J.A.: Das ist die Frage. Ich weiß nicht so recht, was ich antworten soll. In meinem Alter habe ich diesen Trieb nicht mehr, ich bin ruhig, aber ich weiß, dass ich das mit mir rumschleppe. Die Tatsache, dass man mir jede pastorale Tätigkeit verboten hat, macht es mir leichter. Aber es ist klar, dass man mit Verboten das Problem nicht löst.

M.R.: *Sie halten das Problem für unlösbar?*

J.A.: Ja, ich glaube, es gibt keine Lösung.

M.R.: *Sie wollen sagen, dass selbst die Tatsache, dass Sie vor vierzig Jahren eine Therapie angefangen haben, möglicherweise nichts geändert hat?*

J.A.: Ich kann diese Frage nicht beantworten. Im Grunde weiß ich es nicht, weil ich mir oft sage, ich hätte schon früher um Hilfe bitten müssen. Ich hätte den Beruf wechseln, etwas anderes machen müssen. (*Schweigen*)

M.R.: *Es heißt, Pädophile sind manipulative Persönlichkeiten. Empfinden Sie sich als Manipulator?*

J.A.: Ja, ganz sicher. Ich manipuliere Kinder fast unbewusst, deshalb habe ich keinerlei Kontakt mehr zu Kindern.

M.R.: War die Manipulation eine Waffe, mit der Sie besser an sie rankamen?

J.A.: Das kann man so sagen. Ein Therapeut sagte einmal zu mir, ich sei ein Verführer. Ich musste lachen, weil ich nicht gerade wie ein Verführer aussehe. Aber ich habe verstanden, dass ein Verführer nicht unbedingt dem Bild entsprechen muss, das ich von ihm hatte. Ich habe über die Bemerkung nachgedacht und denke tatsächlich, dass ich ein Verführer war. Ich wollte Freude bereiten.

Mgr. C.M.: Wollten Sie auch geliebt werden?

J.A.: Ja, irgendwie schon. Ich habe das Gefühl, mein Schädel dröhnt. Da ist ein entsetzliches Chaos. Heute versuche ich etwas klarer zu sehen, auch wenn es zu spät ist, aber na ja …

M.R.: Bischof Morerod hat davon gesprochen, dass viele Opfer ihren Glauben verloren haben, nachdem sie von einem Priester missbraucht worden sind. Wurden Sie, der diese schrecklichen Taten verübt hat, selbst auch in Ihrem Glauben angefochten?

J.A.: Ja. Als Gläubiger frage ich mich, warum mich Gott nicht aufgehalten hat. Ich lese oft Psalmen. Einige sagen, dass Gott gut und groß sei. Ich kann diese Behauptung nicht mit meiner Erfahrung in Einklang bringen. Aber ich weiß auch, dass sich die Psalmen auf besondere Situationen beziehen und Gott nicht alles tun kann. Ich lese oft die Geschichte von der Sünderin, die gesteinigt werden sollte. Am Ende sagt Jesus zu ihr: »Geh und sündige von jetzt an nicht mehr!« Ich habe verstanden, dass Jesus sie mit ihrer eigenen Verantwortung konfrontiert. Hätte er sie aufgehalten, wäre sie nicht aus ihrer Abhängigkeit herausgekommen. Indem er sie aber entlässt, gibt er ihr die Möglichkeit, ihr Leben selbst in die Hand zu nehmen. Jesus schickt also die Menschen, die er geheilt hat und die sich nun an ihn klammern wollen, fort. Ich habe verstanden, das Jesus recht hat. Jeder muss die Verantwortung für sich selbst übernehmen. So wird Jesus sie nicht daran hindern, ehezubrechen. Und Jesus wird mich nicht daran hindern, pädophil zu sein. Ich muss in mir selbst die Mittel finden, um mich zu ändern. Das ist es, was ich hätte tun müssen und was ich erst sehr spät begriffen habe. In meinen Gedanken zum Glauben bin ich zu diesem Punkt gelangt. Ich lese gern in der Bibel. Die Texte sprechen mich sehr an. Gott tut nicht alles, er überlässt jedem Menschen die Freiheit, das zu tun, was er tun muss. Und manchmal braucht man den anderen, um man selbst sein zu können. Ich hätte um Hilfe bitten müssen.

M.R.: *Es scheint so, als würden Sie sich Ihres Teils der Verantwortung bewusst werden.*
J.A.: Ja, ich weiß, wofür ich verantwortlich bin.

M.R.: *Haben Sie Angst davor, Ihr Paket an Verbrechen mit in den Tod zu nehmen? Haben Sie Angst vor dem Jenseits?*
J.A.: Nein, ich habe weniger Angst vor dem Tod als vor dem Leben. Ich leide darunter, dass ich das Leid, das ich den Menschen angetan habe, die ich zu meinen Opfern machte, nicht wiedergutmachen kann. Es ist zu viel Zeit vergangen. Was kann ich heute schon tun? Es ist zu spät. Ich werde sterben und den Schaden zurücklassen, den ich angerichtet habe, das

ist schrecklich. Ich habe keine Ahnung, was nach dem Tod passiert. Ich habe Vertrauen ...

M.R.: *Sie wurden von der weltlichen Justiz nicht verurteilt.*
J.A.: In Frankreich wurde ich verurteilt.

M.R.: *Wozu wurden Sie verurteilt?*
J.A.: Ich wurde zu zwei Jahren Gefängnis verurteilt.

M.R.: *Die Sie verbüßt haben?*
J.A.: Nein, ich wurde zu zwei Jahren Gefängnis auf Bewährung verurteilt, weil die meisten Missbrauchsfälle verjährt waren.

M.R.: *Hätte es Ihnen Erleichterung verschafft, Ihre Strafe abbüßen zu können?*
J.A.: Ich denke schon. Ich hatte große Angst vor einer Verurteilung, weil ich weiß, dass Pädophile im Gefängnis die Hölle durchmachen. Ich war übrigens überrascht über das Urteil. Ich hatte mit vier oder fünf Jahren Gefängnis gerechnet ... Nach der Urteilsverkündung sprach ich einen ganzen Tag lang kein Wort. Ich kann meine Schuld gegenüber den Opfern nicht abbezahlen. Deshalb versuche ich andere Lösungen zu finden, wenn sich diese bieten. Das ist auch der Grund dafür, dass ich eingewilligt habe, in Daniels Buch Zeugnis abzulegen.

M.R.: *Denken Sie, dass Sie mit Ihrem Zeugnis die Schuld gegenüber Daniel wiedergutmachen können?*

J.A.: Ich werde die Schuld niemals loswerden. Ich werde sie immer mit mir herumtragen ... (*Langes Schweigen*)

M.R.: *Sie denken gerade über etwas nach. Was empfinden Sie?*
J.A.: Ich fühle mich sehr zwiegespalten. Einerseits bin ich erleichtert, dass ich den Vorschlag angenommen habe, in diesem Rahmen zu sprechen, andererseits lastet das ganze Gewicht auf mir. Ich kann mich erinnern, dass mich eines der Opfer angerufen hat. Dieser Mann wollte mich treffen. Er kam zu mir und brachte einen großen Wackerstein mit. Dann sagte er zu mir: »Ich verzeihe Ihnen, aber ich übergebe Ihnen diesen Stein als Symbol für das Leid, das Sie mir angetan haben.« Ich habe den Stein jahrelang aufbewahrt. Irgendwann musste ich ihn wegtun, aber jedes Mal, wenn ich einen solchen Stein sehe, denke ich an das dahinterstehende Opfer. Ich werde die Last mit in den Tod nehmen. So viel ist sicher.

M.R.: *Was bräuchten Sie, um diese Last loszuwerden?*
J.A.: (*Schweigen*) Ich weiß es nicht. Ich glaube, die Last besteht darin, dass »ich selbst diese Last bin«. Befreien könnte ich mich nur, indem ich mir eine Kugel durch den Kopf jage. Ich bin pädophil, aber deshalb hätte ich nicht kriminell werden müssen.

M.R.: *Daniel sieht die Vergewaltigungen, die Sie Ihm angetan haben, noch oft wie einen Film vor seinem inneren Auge vorbeiziehen. Holen Sie diese Szenen auch ein?*
J.A.: Ich sehe keinen Film, ich sehe eher Bilder, wie eingefroren. Sie überfallen mich meistens in der Nacht, ich habe

schreckliche Alpträume. Eine Zeit lang hat mich das extrem mitgenommen. Oh ... (*Langes Schweigen*)

M.R.: *Haben Sie Ihre Opfer wiedergesehen?*
J.A.: Einige schon.

M.R.: *Was haben Sie empfunden, als Sie sie getroffen haben?*
J.A.: Eine gewisse Erleichterung. Ich habe vorgeschlagen, sie alle gemeinsam zu treffen und zu ihnen zu sprechen, doch mein Vorschlag wurde als inakzeptabel zurückgewiesen. Ich würde auch erwägen, Daniel zu treffen, könnte aber verstehen, wenn er das für unzumutbar halten würde. Sie können ihm ausrichten, dass ich zu seiner Verfügung stehe. Dasselbe empfinde ich gegenüber den Mitgliedern meiner Familie. Etliche wollen keinerlei Kontakt mehr, was ich verstehen kann. Einige, mit denen ich einen Briefwechsel pflegte, haben mir die Briefe zurückgeschickt. Sie haben recht, wenn sie sich schützen wollen. Ich bin der Schuldige, nicht sie.

M.R.: *Zu der Zeit, als Sie regelmäßig Daniel vergewaltigten, schrieben Sie für die Zeitschrift* Foyers. *Ich fand darin zwei Artikel von Ihnen, die ich als besonders schockierend empfunden habe. Ein Artikel hatte die Überschrift »Ein Kind namens Claude«. Können Sie sich daran erinnern?*
J.A.: Nein, überhaupt nicht.

M.R.: *In diesem Artikel haben Sie ein Foto von Daniel veröffentlicht, den Sie zur Illustration Ihres Artikels fotografiert haben. Sie haben übrigens auch pornografische Fotos von ihm gemacht. In dem Text erzählen Sie davon, was Sie ihm angetan haben.*

J.A.: *(Fassungslos)* Das habe ich getan ...?

M.R.: *Ja. Erinnern Sie sich nicht daran?*
J.A.: *(Schweigen)*

M.R.: *Es ist sehr verstörend. Sie erzählen davon, dass das Kind namens Claude ein Geheimnis hat, dass es ihm nicht gut geht, dass es schwierige Dinge durchlebt, dass die Erwachsenen nicht die richtigen Fragen stellen und dann erzählen Sie in diesem Artikel von dem Geheimnis, das Sie kurz zuvor mit Daniel geknüpft haben.*
J.A.: Ich kann mich wirklich nicht erinnern. Ist das sehr lange her?

M.R.: *Das war 1968, im November, das Jahr, in dem Sie angefangen haben, Daniel zu missbrauchen. Sie haben Daniel vier Jahre lang missbraucht.*
J.A.: *(Überrascht)* Vier Jahre lang ...?

M.R.: *Ja, vier Jahre lang, von 1968 bis 1972.*
J.A.: *(Schweigen)*

M.R.: *Können Sie sich nicht erinnern, dass es so lange ging?*
J.A.: Nein. Da gibt es zu viele schwierige Dinge, die ich verdrängt habe.

M.R.: *Es gibt noch einen anderen Artikel, dem Sie die Über-*
schrift »Die Wahrheit sagen« gegeben haben. Darin stellen Sie
eine Überlegung über die Kindheit an, die Unschuld. Es ist, als
wären Sie gespalten. Ich habe hier einen Auszug: »Claude steht
für alle Kinder der Welt, mit ihrer Freundlichkeit, ihrer Freu-
de, ihrem Schmerz, ihrer Neckerei, ihrer Arglosigkeit, ihrer
Scharfzüngigkeit.« Sie schreiben außerdem: »Das Kind sollte
ein Reich sein, das respektiert wird, schon allein deshalb, weil
es da ist.« Oder weiter: »Dem Schmutz, der Hässlichkeit und
Künstlichkeit begegnen die Kinder mit einer gesunden Seele.«
J.A.: Nun ja ...

M.R.: *Das sind schockierende Worte, dabei wissen Sie genau,*
in welchem Kontext sie entstanden sind.
J.A.: Das ist verblüffend ...! Es ist wirklich schizophren.

M.R.: *Ich hätte gedacht, dass Sie sich genau an diese von Ihnen*
geschriebenen Artikel erinnern können.
J.A.: Nein ...

M.R.: *Am Ende des Textes steht ein schrecklicher Satz, den ich*
Ihnen vorlesen werde: »Aufgrund seiner bloßen Anwesenheit
spaltet das Kind die Menschen in zwei Teile: in diejenigen, die
es akzeptieren und anerkennen, und in diejenigen, die es igno-
rieren. In welche Hälfte hat mich Claudes Anwesenheit wohl
platziert?«
J.A.: Ach du meine Güte ...! (*Schweigen*) Ich kann mich nicht
daran erinnern ...

Mgr. C.M.: Um solche Texte zu schreiben, müssen Sie sich mit sich selbst auseinandergesetzt haben.
J.A.: Ja, ich weiß nicht.

M.R.: Abgesehen von der Tatsache, dass ich von Ihren Worten erschüttert war, wo Sie doch Daniel im selben Moment vergewaltigt haben, hatte ich den Eindruck, dass Sie dem Leser Hinweise gegeben haben, und dass Sie sich unbewusst fragten, wer Sie sind und was Sie da tun.
J.A.: Das ist schon möglich ...

M.R.: Sie stellen die richtigen Fragen und Sie geben den Eltern Hinweise, damit Sie erkennen, wann es ihrem Kind schlecht geht.
J.A.: Könnte ich eine Kopie von diesen Artikeln haben? Ich glaube, da liegt der Kern des Problems, und ich könnte darüber mit meinem Psychiater sprechen.

M.R.: Ja, natürlich. Man könnte sagen, dass in diesen Artikeln unbewusst etwas geschieht.
J.A.: Oder an der Grenze des Bewusstseins.

M.R.: Ein Teil von Ihnen betrachtet den anderen und weiß, dass die Fotos Daniel zeigen und dass Sie Daniel oft »Claude« nennen, wenn Sie zur Tat schreiten ... Als ich diese Artikel las, war ich verblüfft, wie explizit das Thema der gespaltenen Persönlichkeit angesprochen wird. Die innere Spaltung wird ganz deutlich.

J.A.: Ja, das ist wahr. Es ist seltsam, aber dieses Gefühl gespalten zu sein, habe ich in mir.

M.R.: *Möchten Sie noch etwas hinzufügen?*
J.A.: (*Schweigen*) Ich möchte noch etwas zu Daniel sagen. Es
ist klar, dass ich ihn um Vergebung bitten möchte. Wenn ich
etwas für ihn tun kann, soll er es mir sagen. Ich weiß nicht was,
weil ich nicht viel tun kann. Ich glaube, ich habe das Bedürfnis
nach Stille. Seit einiger Zeit höre ich nicht einmal mehr Musik.
Ich brauche die Stille. Ich habe das Glück, dass es im Kloster
einen relativ ruhigen Garten gibt. Ich mag die Abende unter
den Bäumen. Ich wünsche mir eine Stille, die eine Art Frieden
ist. Werde ich ihn eines Tages finden? Seit einiger Zeit bin ich
deprimiert. Ich habe das Glück, mit einer Krankenschwester
sprechen zu können, die meine Situation kennt. Sie hört mir
zu und verurteilt mich nie. Ich vertraue ihr. Ich fühle mich beruhigt und erleichtert, wenn ich mit ihr gesprochen habe. Ich
denke, dass ich nicht mehr erwarten kann. Manchmal ziehe
ich die Dinge ins Lächerliche. Das hilft mir ein wenig.

M.R.: *Wie fühlen Sie sich am Ende dieses Gesprächs?*
J.A.: Ich habe das Gefühl, als hätte ich eine Ohrfeige bekommen! Aber manchmal tun Ohrfeigen gut.

M.R.: *Eine Ohrfeige? Wollen Sie damit sagen, dass Sie sich
aufgerüttelt fühlen?*
J.A.: Ja, jedes Mal wenn ich über den Missbrauch spreche,
fühle ich mich erschöpft. Es tut weh, aber ich spüre auch,
dass es mir guttut, es ermöglicht mir, voranzukommen. Ich

habe Ihre Fragen gern beantwortet, denn sie haben mir geholfen, einen klareren Blick auf mich selbst zu werfen. Die Sache mit dem Artikel hat mich schon erstaunt.

Mgr. C.M.: Ich denke, Ihr Zeugnis ist wirklich sehr wertvoll. Es erlaubt uns, etwas besser zu sehen, wie ein pädophiler Mann die Dinge erlebt. Ein menschliches Wesen ist nie nur ein Monstrum, egal, was er getan hat.

J.A.: Ja, natürlich, aber ich frage mich, was von einem Menschen übrig bleibt nach diesem ganzen Horror ...! Ich würde sagen, das Monstrum hat den Menschen verschlungen.

M.R.: Ich finde es wichtig, das Zeugnis eines Gewalttäters zu haben, um Behandlungsmöglichkeiten und Strategien des Erkennens ausloten zu können. Wenn man versteht, was der Gewalttäter erlebt, kann dies zur Vorbeugung beitragen. Es hilft auch, wenn man sich getraut, darüber zu sprechen. Möglicherweise lesen einige Pädophile Ihr Zeugnis und entscheiden sich dann, sich Unterstützung zu holen.

J.A.: Das Problem, es zu sagen, ist an die Scham geknüpft, pädophil zu sein. Es ist so beschämend, dass ich nicht einmal dem Arzt in die Augen sehen konnte. Ich fragte mich, was der Arzt wohl von mir denken würde. Es ist so schrecklich ...! (*Schweigen*) Ich hatte Angst vor der heutigen Sitzung, aber jetzt bin ich erleichtert. Ich danke Ihnen. Ich denke, dass ich jetzt ein wenig klarer sehe.

Danksagungen

Ich danke allen Menschen, die mich in den Jahren der Prüfung unterstützt haben:

Agnès, Alain, Albert, Alexandra, Alexandre, Alfred, Alice, Alphonse, Amédée, André, Anita, Anne-Laure, Anne Léa, Anne-Marie, Anne-Sophie, Anne-Véronique, Annie, Antoine, Arnold, Aude, Augustin, Baptiste, Benoît, Bernard, Bertrand, Blaise, Boris, Brigitte, Bruno, Carole, Caroline, Catherine, Cathy, Cécile, Charles, Christian, Christine, Christophe, Claude, Claudi, Claudine, Clémence, Clément, Conrad, Corinne, Corrado, Damien, Daniel, Daniella, Dany, Denis, Dominique, Édith, Édouard, Élisabeth, Émile, Emmanuel, Emmanuelle, Ephrem, Étienne, Eugène, Eugénie, Fabien, Fanny, Félix, Fernand, Florence, Francis, François, Françoise, Frédéric, Frowin, Gaston, Gebhard, Georges, Georgette, Gérard, Germain, Gilbert, Gilles, Giorgio, Gisèle, Grégoire, Guillaume, Guillermo, Guy, Hans, Henri, Henriette, Hermann, Hubert, Isabelle, Jacqueline, Jacques, Jasmine, Jean, Jean Paul, Jean-Baptiste, Jean-Bernard, Jean-Blaise, Jean-Claude, Jean-Daniel, Jean-Emmanuel, Jean-François, Jean-Jacques, Jean-Luc, Jean-Manuel, Jean-Marc, Jean-Marie, Jeanne, Jeannine, Jean-Paul, Jean-Pierre, Joël, Johannes, José, Joseph, Josiane, Julie, Julien, Kiki, Laurence, Laurent, Liliane, Lorenzo, Louis, Luc, Lucette, Lucien,

Lucienne, Ludovic, Madeleine, Manu, Marc, Marcel, Marco, Marie, Marie-Alice, Marie-Christine Marie-Claire, Marie-Françoise, Marie-Hélène, Marie-Jo, Marie-Louise, Marie-Madeleine, Marie-Paule, Marie-Thérèse, Marius, Marthe, Martial, Martin, Martine, Mathilde, Maurice, Michel, Micheline, Mido, Mimi, Monique, Monique-Baptiste, Murielle, Myriam, Nabil, Nadia-Marie, Nicolas, Nicole, Nuvoletta, Olivier, Papitoni, Pascal-André, Patrice, Paul, Peter, Philippe, Pierre, Pierre-Yves, Piti, Rachel, Raoul, Raphaële, Regula, Rémy, Renate, René, Reynald, Richard, Robert, Romain, Roselyne, Samuel, Sandra, Sarah, Selena, Serge, Sergio, Simon, Sonia, Sophie, Stanislas, Théo, Thomas, Valentine, Valérie, Véronique, Victor, Vincent, Wolfgang, Xavier, Yoki, Yolande, Yves, Yvette.

Originalausgabe
© Éditions Philippe Rey, 2017
This edition is published by arrangement with the
Éditions Philippe Rey in conjunction with its duty appointed
agents L'Autre agence, Paris, France. All rights reserved.

Vorwort Papst Franziskus
© Libreria Editrice Vaticana, 2017

Deutsche Ausgabe
© Verlag Herder GmbH, Freiburg im Breisgau 2017
Alle Rechte vorbehalten
www.herder.de

Satz: wunderlichundweigand, Stefan Weigand
Herstellung: CPI books GmbH, Leck

Printed in Germany

ISBN Print 978-3-451-37914-7
ISBN E-Book 978-3-451-81198-2